UKRAINIANLESSONS.COM

GET YOUR FREE AUDIOBOOK AT:
ukrainianlessons.com/audiobook3568

Наталія Пендюр   Natalia Pendiur

ЯК ІНОЗЕМЦІ КОЗАКА РЯТУВАЛИ

HOW FOREIGNERS WERE RESCUING A COSSACK

Easy Ukrainian Book

For Intermediate and Advanced Ukrainian Learners

With English Vocabulary Lists, Audio, and Exercises

Illustrations by Natalia Pendiur

Ukrainian Lessons
2021

Copyright © 2021 Ukrainian Lessons / Natalia Pendiur (Наталія Пендюр)

All rights reserved. No part of this publication may be reproduced, stored in a retrieval system, or transmitted in any form or by any means, electronic, mechanical, photocopying, recording, or otherwise, without the prior written permission of the publisher.

Cover illustration © Natalia Pendiur (Наталія Пендюр)
Cover design © Oleksandra Siryk (Олександра Сірик)
Book illustrations © Natalia Pendiur (Наталія Пендюр)
Exercises © Natalia Pendiur (Наталія Пендюр)
Book interior designer: Oleksandr Mashlai (Олександр Машлай)
Production editor: Anna Ohoiko (Анна Огойко)
Copy editors: Anna Ohoiko (Анна Огойко), Mariia Rusanovska (Марія Русановська), Milena Melnyk (Мілена Мельник), Kateryna Smuk (Катерина Смук), Kiana Smith

Abstract:
Іспанка Беатріс та американець Браян прибули в село Вишеньки, щоб досліджувати ґрунти. Попереду на них чекає незабутнє українське літо: трохи досліджень, ще більше пригод, щира дружба, минуле, що оживає, дрібка магії та кохання. А почалось усе з вивчення української мови…
Ця книга призначена для всіх, хто вивчає українську мову: вона написана просто, містить вправи та словнички. Готові до пригоди?

Beatrice (from Spain) and Brian (from the USA) arrived in the village of Vyshenky to examine the soils. An unforgettable summer awaits them: some research, more adventures, sincere friendship, return of history, a pinch of magic and love. Everything began with learning Ukrainian…
This book is for everyone learning Ukrainian language. It is an easy read with exercises and vocabulary lists. Are you ready for the adventure?

Publisher Contact Information
Anna Ohoiko
anna@ukrainianlessons.com
ukrainianlessons.com

Paperback ISBN: 978-91-986937-0-6
Ebook ISBN: 978-91-986937-1-3

ЗМІСТ

Від авторки українською 6
From the author in English 8

ВСТУП 11

ЧАСТИНА ПЕРША
Вишеньки нон-стоп 17

ЧАСТИНА ДРУГА
Скарб 128

ЧАСТИНА ТРЕТЯ
Подорож 187

Відповіді 293
Про авторку 308
Про Ukrainian Lessons 310

ВІД АВТОРКИ УКРАЇНСЬКОЮ

ВІТАЮ, ДРУЗІ!

Мене звати Наталія. Я тут, щоб запросити вас у подорож. У подорож сторінками цієї книжки! Тільки спочатку треба, щоб ви взяли з собою допитливість, свої знання української та почуття гумору.

Чи просто вам буде? Скажу чесно: ні. Проте хіба ми шукаємо легких шляхів? Як і в кожному поході, вам доведеться трохи напружитися: десь – дертися через кущі, десь – стрибати через колоди, а десь – проявити кмітливість.

Зате подарунок, який на вас після всього чекає, вартий зусиль. По-перше, історія вас захопить (я сподіваюся). По-друге, ви точно скажете про себе: «Ну, тепер я справжній молодець! Можу читати книжки українською мовою».

ОСЬ ЩО ВИ БУДЕТЕ РОБИТИ:

✓ **читати**

Ця книжка – для практики читання. Кожен розділ – невеликий. Читати можна і ввечері на дивані, і за кавою вранці – «на свіжу голову». Це вже на ваш смак. Тільки будьте обережні, якщо читаєте в метро! Бо проїдете зупинку.

✓ **слухати**

Отримайте безкоштовну аудіокнигу за посиланням: **ukrainianlessons.com/audiobook3568**

Слухайте її, щоб звикнути до української інтонації, запам'ятати деякі наголоси й просто розважитись. Ви можете читати, а потім слухати, слухати й водночас стежити за текстом: комбінуйте на свій смак.

✓ **розуміти**

Після кожного розділу є словник. Слова в ньому розміщені в порядку появи в тексті. У словнику є цікаві українські ідіоми. А ще – інформація про людей чи речі, про які ми згадали в розділі.

✓ **дивитися на малюнки**

Я намалювала для вас смішні малюнки з підписами. Вони допоможуть запам'ятати деякі слова чи фрази.

✓ **тренуватися**

Зробіть вправу після розділу. Так ви зможете повторити свої знання з граматики або перевірити, чи все ви добре зрозуміли.

✓ **гуглити**

Знаєте, що значить «гуглити»? Це означає «шукати в Google». Якщо ви натрапите на щось, про що не знаєте, пошукайте інформацію про це в інтернеті. Подивіться, хто такі чумаки, Богдан Хмельницький, отаман Сірко чи характерники. Можна ще й послухати пісні, які слухають наші герої.

✓ **шукати на карті**

У малюнках є карти місць, де бували герої книжки. Ви можете й самі подивитися на Google maps, де і що розташовано. Село Вишеньки – вигадка, а от все інше – справжнє. Навіть село Вищі Верещаки!

ДЕЯКІ ПІДКАЗКИ НАОСТАНОК

На першому курсі я ходила на танці. Досить довго ми вчили окремі елементи. У роздягальні всі чухали голови: нам було нудно... Та нарешті ми почали танцювати так звані «зв'язки» – комбінували ті елементи, як хотіли, не зупинялися й танцювали, танцювали... Яке це було задоволення!

Ви вже деякий час вивчали українську мову. Знаєте певні граматичні теми, слова і фрази. Тепер настав час і вам «танцювати»: дивитися, як працює мова, як різні елементи поєднуються між собою. І вже не в реченнях типу «в понеділок я встаю о сьомій»... Час таких речень закінчився! Тепер на вас чекає захоплива історія. Юху!

Читайте і слухайте з насолодою.
Щиро –
Наталка Пендюр

FROM THE AUTHOR IN ENGLISH

GREETINGS, FRIENDS!

My name is Natalia. I'm here to invite you on a **подорож** — journey. A journey through the pages of this book! But first, you will need to take with you your **допитливість** — curiosity, your **знання** — knowledge of Ukrainian and **почуття гумору** — a sense of humor.

Is it going to be easy? To be honest, no. But should we really **шукати легких шляхів** — cut corners? Just like on a camping trip, you will have to work hard: sometimes crawling through the bushes, sometimes jumping over logs, and sometimes gathering your wits.

The reward that is waiting for you, however, is worth all the effort. First of all, you will get captivated by the story (I hope). Secondly, you will for sure be able to say about yourself: "Well, now **я молодець** — I am a good girl (or boy)! I can read books in Ukrainian."

HERE IS WHAT YOU ARE GOING TO DO:

✓ **читати** — to read

This book is designed for your reading practice. Its chapters are small. You can read either in the evening on a couch or in the morning drinking your coffee, **«на свіжу голову»** — with a fresh mind. It's up to you. But be careful when reading on the subway! You might miss your stop.

✓ **слухати** — to listen

Get your complimentary audiobook at ukrainianlessons.com/audiobook3568

Listen to it to get used to the Ukrainian intonation, remember how some words are stressed or simply entertain yourself. You can read and then listen, listen and follow the text at the same time — combine as you wish.

✓ **розуміти** — to understand

After each chapter there is a **словник** — a vocabulary list. The words are listed in the order of their appearance. There are also some interesting idioms and information about the people or things that were mentioned in the chapter.

✓ **дивитися на малюнки** — to look at the pictures

I drew for you funny pictures with captions. They will help you remember some words and phrases.

✓ **тренуватися** — to practice

Do an exercise after each chapter. This way you will be able to review your grammar knowledge or check if you understood everything right.

✓ **гуглити** — to google

«Гуглити» means «to search on Google». If you come across something that you don't understand, look for the information on the internet. Find out more about **чумаки, Богдан Хмельницький, отаман Сірко** or **характерники**. You can also listen to the songs that our characters are listening to.

✓ **шукати на карті** — to search on the map

Among the pictures, there are maps where the book's characters travelled to. You can also check on Google maps where everything is located. **Село Вишеньки** – the village of Vyshenky is fiction, but the rest is real. Even the village of **Вищі Верещаки!**

SOME FINAL SUGGESTIONS

During the first year of university, I was taking a dance class. We were learning separate elements of dance for a long time. In the dressing room, everyone was confused — we were bored...

But eventually we started to dance the so-called «зв'язки» – combinations of the elements in our own style. We couldn't stop — we were dancing and dancing. It was such a pleasure!

You have been learning Ukrainian for quite some time now. You know certain grammar topics, words, and phrases. Now it's time to «dance»: look how different words combine between each other. Not just in sentences like **«в понеділок я встаю о сьомій»**... Time is up for those sentences. Now prepare yourself for a real, captivating story. Yay!

Read and listen **з насолодою** — with pleasure.
Sincerely,
Natalia Pendiur

Що буває з тими, хто вивчає українську мову? О, всяке трапляється... Скажу по секрету, що уроки української – це завжди початок якоїсь великої пригоди.

Так сталося і з нашими героями. Як і ви, вони вивчали дуже непросту, але гарну мову. А тоді набралися сміливості – і приїхали в Україну. Місія в них була спочатку наукова – досліджувати український чорнозем. Та скоро вони зрозуміли, що будуть виконувати зовсім інше завдання. І попереду в них – ціла купа пригод, небезпек і навіть справжньої магії... Готові приєднатися? Тоді вирушаймо!

бува́ти – to happen
вся́ке трапля́ється – different things happen
сказа́ти по секре́ту – to tell in confidence (idiom)
приго́да – adventure
набра́тися смі́ливості – to work up the courage
мі́сія – mission
науко́вий – scientific

досліджувати – to examine, to investigate
чорно́зем – black soil, black earth
попе́реду – ahead
ці́ла ку́па – a whole bunch
небезпе́ка – danger
ма́гія – magic
Готові приєдна́тися? – Are you ready to join?
Вируша́ймо! – Let's go!

ЯК ІНОЗЕМЦІ КОЗАКА РЯТУВАЛИ

ЯК УСЕ ПОЧАЛОСЯ

В університеті Сантьяго-де-Компостела тривала найнудніша лекція у світі. Студентка Беатріс уже випила три чашки кави, тому могла не спати. Проте її сусідка зліва куняла, а сусід справа дрімав, і голова його лежала на конспекті. Викладач говорив щось про те, скільки гумусу є в різних ґрунтах світу.

— Чорнозем, — говорив він, — це неймовірно родюча земля! Туди можна палицю встромити — і точно проросте! Це все тому, що шар гумусу там становить мінімум 30 сантиметрів...

Беатріс любила свій фах. Вона вступила на факультет екології не просто так. І спеціальність теж не просто так обрала. Ґрунт – це дуже і дуже цікаво... Тільки цей дон Хуан Родріґес... Він легко може перемогти в конкурсі «Найнудніший викладач року».

А дон Хуан Родріґес тим часом увімкнув презентацію. Він показував фото землі. Вона була чорна, як волосся Беатріс.

— Ось фото з України. Це чорнозем. Ось бачите, який тут урожай? З кожного гектара...

Беатріс більше зацікавили краєвиди села, ніж гектари та гумус.

— До речі, сьогодні починається програма для таких спеціалістів, як ви! Називається «Вивчай землю і працюй на землі», — сказав викладач. — Можна зареєструватися на сайті й поїхати в якусь країну, яка є в цій програмі. Там ви будете досліджувати ґрунти й писати наукову роботу. Проїзд фінансує програма, тобто Всесвітня організація охорони ґрунтів. Я, до речі, її віцепрезидент. Так от, у кінці програми ви подаєте свою наукову роботу на конкурс.

— І що можна виграти? — прокинулася сусідка Беатріс зліва.

— Гроші, — відповів дон Хуан Родріґес. — На подальші дослідження, звісно...

— А в які країни можна поїхати? — це спитав сусід Беатріс справа.

— Е-е... — викладач погортав блокнот і почав читати: — Чилі, Іспанія — ну, це ми, Німеччина, Франція, Україна і деякі регіони Великої Британії.

Україна... Думка про неї крутилася в голові Беатріс до вечора. Це досить далеко від дому... Ось де справжні пригоди! Ось де самостійне життя... Вона думала про це аж до ночі.

Та була одна проблема — мова. Іспанською там, певно, не говорять... А курсів української у Сантьяго нема. «Як вивчити українську мову онлайн?» — написала Беатріс в інтернет-браузері. «Спробуйте Ukrainian Lessons Podcast», — запропонувала пошукова система. Тріс без вагань завантажила перші три епізоди.

Потім нарешті заповнила заявку на участь у програмі. Залишався останній пункт анкети — «виберіть країну для досліджень». Беатріс вибрала Україну й натиснула на кнопку «надіслати». Це сталося рівно опівночі.

У Мічигані тоді була шоста вечора. Браян, студент-еколог, саме повечеряв картоплею фрі. Нічого іншого в гуртожитку не було. Тої миті він сидів за комп'ютером і через окуляри дивився на екран. Там світився напис: «Вивчай землю...». «Яка чудова нагода поїхати в Європу! — думав Браян. — Наприклад, в Україну... Нарешті я зможу побачити батьківщину діда... Оце буде пригода!»

Ех, пан або пропав! Браян заповнив заявку, вибрав Україну й клацнув на кнопку «надіслати».

найнудніший — the most boring (superlative of «**нудний**»)
лекція — lecture
випити — to drink
проте — but

сусідка, сусід — neighbor (female, male)
куняти — to doze, to nap
дрімати — to drowse
конспект — notes
гумус — humus

ґрунт – soil
неймові́рно родю́ча земля́ – incredibly fertile soil
па́лицю встроми́ти – to put a stick
прорости́ – to sprout
шар гу́мусу стано́вить – the layer of humus is
фах – profession
вступи́ти на факульте́т – to enter the faculty
факульте́т еколо́гії – faculty of ecology
не про́сто так – for a reason
спеціа́льність – specialization
обра́ти – to choose
перемогти́ в ко́нкурсі – to win a competition
тим ча́сом – meanwhile
увімкну́ти – to turn on
презента́ція – presentation
урожа́й – harvest
гекта́р – hectare
зацікавити – to interest
краєви́д – view
до ре́чі – by the way
програ́ма – program
спеціалі́ст – specialist
«Вивча́й зе́млю і працю́й на землі́» – «Study the land and work on land»
зареєструва́тися на са́йті – to register on the website
науко́ва робо́та – scientific paper

фінансува́ти – to finance, to fund
Всесві́тня організа́ція охоро́ни ґрунті́в – International soil conservation organization
віцепрезиде́нт – vice-president
так от – so
подава́ти на ко́нкурс – submit for a competition
ви́грати – to win
проки́нутися – to wake up
пода́льші дослі́дження – further investigation
зві́сно – of course
погорта́ти – to thumb through
регіо́н – region
ду́мка крути́лася в голові́ – a thought lingered in her mind
Ось де спра́вжні приго́ди! – That's where the real adventures are!
самості́йне життя́ – independent life
аж до но́чі – till night
спро́бувати – to try
запропонува́ти – to offer
пошуко́ва систе́ма – search engine
без вага́нь – without a doubt
заванта́жити – to download
наре́шті – at last

запо́внити зая́вку на у́часть – to fill out an application for participation
оста́нній – last
пункт – point
анке́та – form, questionnaire
ви́брати – to choose
нати́снути на кно́пку – to press a button
надісла́ти – to send
рі́вно опі́вночі – exactly at midnight
са́ме повече́ряв – just had dinner

гурто́житок – dormitory
тої́ ми́ті – at that moment
окуля́ри – glasses
там світи́вся на́пис – there was a caption
чудо́ва наго́да – great opportunity
батьківщи́на – motherland, homeland, birthplace
оце́ – the same as «це» (spoken)
ех – oh
пан або́ пропа́в – hit-or-miss (idiom)
кла́цнути – to click

ЧАСТИНА ПЕРША

ВИШЕНЬКИ НОН-СТОП

РОЗДІЛ 1

ДВА КІЛОМЕТРИ НА ПІДБОРАХ

Беатріс стояла на дорозі. Автобус щойно поїхав і вже майже зник з очей. Ліворуч було поле, праворуч – лише трава та квіти. Там паслася біла коза.

— І куди йти? – спитала Беатріс.
— Ме-е, – відповіла коза.
— Ну, ти точно не говориш іспанською... А українську розумієш? Куди йти? Мовчиш? Ну нічого. Беатріс, візьми себе в руки! Читати вмієш? Вмієш!

Вона прочитала напис на знаку: «Село Вишеньки – 2 кілометри». І стрілка праворуч.

— Добре, – сказала вона собі. – Два кілометри – це не двадцять два! – І пішла.

Дорога повертала праворуч від головної й вела невідомо куди. Було трохи страшно, але так цікаво...

— Супер! – казала собі Беатріс. – Батьки далеко, університет далеко... Я вільна! Вільна! А тепер – тільки вперед...

Дорога була далеко не рівна. Колеса валізи весь час потрапляли в ями на дорозі. Підбори теж. У валізі, до речі, був не тільки одяг.

ВЗЯТИ СЕБЕ В РУКИ

МУ!
ЦВІРІНЬ-ЦВІРІНЬ!
КУКУРІКУ!..
А ЦЕ - ПТАШКА
КОРОВА -
ВИШЕНЬКИ 2 КМ →
КОЗА
ПОЛЕ
ПІДБОРИ
ВАЛІЗА
СІРЯК
СІНО
ПОГАНА ДОРОГА
ВІЗ, ПОВНИЙ СІНА

Беатріс везла ще й колби та мікроскопи, яким погана дорога точно не йшла на користь... Іти було важко. Дуже важко. Проте дівчина впевнено дивилась уперед і тільки вперед.

«Кудкудак!» – кричали кури. – «Кукуріку!» – допомагали півні. – «Му-у-у», – озивалися корови. – «Цвірінь-цвірінь», – співали пташки. «Стук-грюк!» – а це стукали по старому асфальту підбори Беатріс.

«Ба-бах!» – це вона впала разом із валізою.

— Доброго здоров'я! – почула Беатріс над собою. – У нас тут дорога стара, давно треба нову робити. Сідайте, підвезу!

Беатріс подивилася вгору. Їй простягав руку чоловік. Не старий, не молодий, не товстий і не худий – чоловік та й годі. У нього були густі вуса, веселі очі й добра усмішка.

— Зможете вилізти он туди? – він показав на віз, повний сіна. У віз був запряжений сірий кінь.

«Нормально! – сказала собі Беатріс. – Дуже навіть непогано! Тільки є одна проблемка: як туди вилізти, коли ти на підборах і в мініспідниці? Ох...»

підбо́ри – heels
доро́га – road
що́йно – just
зника́ти з оче́й – to disappear from sight
ліво́руч – on (to) the left
по́ле – field
право́руч – on (to) the right
пасти́ся – to graze
коза́ – goat
то́чно – exactly
мовча́ти – to keep silence
ну нічо́го – ok then...
взяти себе́ в ру́ки – to get a grip on oneself (idiom)
на́пис – inscription
знак – sign

стрі́лка – arrow
головна́ доро́га – main road
невідо́мо куди́ – who knows where
дале́ко не рі́вна – far from smooth
ко́лесо – wheel
валі́за – suitcase
потрапля́ти в я́ми – to get into the pits
ко́лба – flask
мікроско́п – microscope
яки́м пога́на доро́га то́чно не йшла́ на ко́ристь – who didn't benefit from the bad road
впе́внено – confidently

кричáти – to shout
кýрка – hen
допомагáти – to help
пíвень – rooster
озивáтися – to respond
корóва – cow
птáшка – bird
стýкати – to knock
асфáльт – asphalt
впáсти – to fall down
Дóброго здорóв'я! – Hello! (wishing good health)
Сідáйте, підвезý! – Take a seat, I'll pick you up!

простягáти рýку – to give a hand
чоловíк та й гóді – just a man and that's it
густúй – thick
вýса – mustache
вúлізти – to climb up
показáти на – to point at
віз – cart
сíно – hay
запрЯжений – harnessed
кінь – horse
проблéмка – little problem
мініспіднИця – miniskirt
Ох... – Oh...

ЩО ДЕ БУЛО?
Приберіть зайве й утворіть речення!
Наприклад:
Дівчині простягав руку чоловік / ~~водій автобуса~~ /півень.

❶ На дорозі були   ями / кури / людина
❷ У спідниці була   дірки / Беатріс /коза
❸ У ями потрапляли   підбори /люди / пташки
❹ На траві паслася   Беатріс / коза /машина
❺ На возі –   дідусь /сіно /дірка

ХТО ЯК ГОВОРИТЬ?
Що або хто робить такий звук? З'єднайте!

❶ Ме
❷ Му
❸ Кудкудах
❹ Кукуріку
❺ Стук-грюк
❻ Бабах

🅐 Кури
🅑 Підбори
🅒 Беатріс
🅖 Коза
🅙 Корова
🅔 Півні

РОЗДІЛ 2

ДВІ КРУТІ БАБУСІ

— Мене звати Микола, — сказав чоловік. — А це Сіряк, — показав він на коня і без зайвих питань посадив Беатріс на сіно і поклав туди її валізу. — То куди вам треба? — спитав він.

— Мені треба... — Беатріс дістала з кишені папірець. — Га-ли... Галина Козопас і Петро Козопас... Вулиця... вулиці Севе... Се-ве-ри...

— Северина Наливайка?

— Так... — відповіла Беатріс.

— А ви, я чую, не з нашого села!

— Ні, не з вашого.

— А звідки така красуня в наших краях?

Беатріс натягнула спідницю на коліна.

— Я іспанка! — гордо сказала вона.

— Ну нічого собі! Мій брат працював в Іспанії!

— Серйозно?!

— Так! У місті... як його? Сантьяго-де-Компостела... Туди всі ходять у це... у паломництво.

— Сантьяго-де-Компостела?? Справді? Оце так сюрприз!

— А чому ви так дивуєтеся?

— Я живу зараз у Сантьяго-де-Компостела!

— Оце так так... — свиснув чоловік. — Світ тісний, як то кажуть. Ви студентка?

— Ага.

— Живете в гуртожитку?

— Ні... — тут Беатріс засоромилась. — Із бабусею. Так дешевше...

«Зараз подумає, що я несамостійна... і прощавай, моя репутаціє на новому місці», — думала Тріс. Проте Микола весело питав далі:

— А що робить ваша бабуся?

— Моя бабуся... — почала Беатріс, — моя бабуся — водій автобуса!

— Ого! Крута у вас бабуся, — відповів чоловік.

— Яка-яка?
— Крута, я кажу.
— Крута гора, круте яйце... — згадувала Беатріс.
— Це інше. Крута — це класна, «кул»...
— Ясно, крута — це «cool»...
— Галина теж кул!
— Крута?
— Так. Вона працювала в поліції.
— Ого! А пан Петро? Він теж поліціянт?
— Ні... Петро працював у бібліотеці. Він спокійний, дуже мудрий чоловік. А ось і їхній будинок. Пр-р-р, стій!

Кінь зупинився.

— Ну все! Хай щастить! — Микола помахав на прощання й віддав дівчині валізу.

Беатріс підійшла до хвіртки. З подвір'я було чути дивні звуки. Щось стукнуло, грюкнуло... Потім вона почула крик... Що там таке? Дівчина трішки постояла, а тоді відчинила хвіртку.

без зайвих питань — no questions asked
посадити — to seat
покласти — to put
То куди вам треба? — So where do you need to go?
дістати — to get
кишеня — pocket
папірець — piece of paper
Северин Наливайко — the cossack leader who became a hero of folklore. There is a legend that Nalyvayko has hidden a big treasure.
красуня — beauty, pretty girl
в наших краях — in these parts

натягнути — to pull over
гордо — proudly
Нічого собі! — Wow! Holy cow!
як його — how is it called
паломництво — pilgrimage
справді — really
дивуватися — to be surprised
Оце так так... — Wow...
свиснути — to whistle
світ тісний — it's a small world (idiom)
як то кажуть — as they say
засоромитись — to get embarrassed
Так дешевше. — It's cheaper.
несамостійний — dependent

Прощава́й! – Good bye!
репута́ція – reputation
крути́й – 1) cool (slang); 2) steep
крута́ гора́ – steep mountain
круте́ яйце́ – hard boiled egg
крута́ бабу́ся – cool grandma
полі́ція – police
поліція́нт – policeman
бібліоте́ка – library
спокі́йний – calm
му́дрий – wise
Пр-р-р, стій! – Whoa, stop!
відда́ти – to give (to smb)

помаха́ти на проща́ння – to wave somebody farewell
підійти́ – to approach, to come up to
хві́ртка – (small) gate
подві́р'я – yard
ди́вні зву́ки – strange sounds
сту́кнути – to bang, to hit
грю́кнути – to bang, to slam
крик – scream, shout, cry
постоя́ти – to stand for some time
відчини́ти – to open

УВАГА НА «ЙТИ»

У минулому часі – йшов, йшла, йшло, йшли.

Погляньте, що можна зробити зі слова «йшла» за допомогою префіксів. Всі дієслова – це дія, яка відбувається один раз:

Прийшла, пішла
Підійшла, відійшла
Увійшла, вийшла

Вставте одне з цих слів:
прийшла, підійшла, увійшла, вийшла, пішла, відійшла.

❶ У кімнаті вже були дідусь, бабуся та онук. _____ Беатріс.

❷ Вона повечеряла і _____ спати.

❸ Дівчина _____до хати і подивилася у вікно: цікаво, що там?

❹ Я _____ від того чоловіка в автобусі. Він, мабуть, був у душі дуже і дуже давно.

❺ Бабуся _____до хати.

❻ Бабуся _____ з хати.

РОЗДІЛ 3

ХВІРТКА СКРИПНУЛА

Беатріс побачила двох хлопців: один був дорослий, а другий – ще дитина. Більше побачити вона не могла, бо вони дуже швидко бігали по колу. За кілька секунд Беатріс зрозуміла, чому вони це роблять: за хлопцями летів цілий рій бджіл! А ось і вулики: червоний, зелений і жовтий.

— Ой! Ай! — кричали хлопці.

Малий помітив Беатріс і на мить зупинився.

— Ви від бабусі? — спитав він. — Ми нічого не робили! Ми не винні! Ой!!!

— А що це ви… робите?

— Ми… е-е-е… Ой! Бабуся зараз прийде! Швидко до хати!

Дорослий хлопець просто кричав і махав руками. «Що робити? Треба їх рятувати», — подумала Беатріс. Вона відкрила валізу й дістала лак для волосся «Фіксація на 24 години». Дівчина бризнула на рій бджіл. Кілька з них завмерли й упали на траву.

— Швидко! До хати! — знову крикнув менший хлопець.

Беатріс прокладала шлях лаком для волосся, а хлопці йшли за нею. Нарешті вони всі забігли до хати й зачинили двері. Тільки тут дівчина побачила, що старший – русявий, а молодший – рудий.

— Тепер ми в безпеці? Все нормально? – спитала Беатріс.

— Ох, ні, не все, – відповів молодший. – Там біля вулика лежить бабусин поліцейський значок. Він у неї на пам'ять лишився. Вона його повісила на стіну в рамочку й нікому брати не дозволяє. А Браян не вірив, що бабуся була детективом, і тепер...

— Я не винен! – відповів старший хлопець. – Я попросив його показати значок зблизька, от і все. Це дурна птаха його взяла й понесла... Зірка впала прямо на вулик!

— Птаха, кажете... Ага, сорока! Вони люблять красти все, що блищить: ключі, обручки...

— Слухай! – сказав раптом малий до Беатріс. А може, ти візьмеш цей свій лак і принесеш бабусину поліцейську зірку?

— Та без проблем! – відповіла дівчина.

За три хвилини вона повернулась. У руках Беатріс був блискучий значок із написом «Поліція».

— Супер! Дякую! Дуже дякую! Але з ним що робити? – молодший із сумом подивився на старшого хлопця. Той тримався за обличчя. У нього вже добре напух ніс.

— Бабуся про все дізнається. Вона детектив... – зітхнув малий.

— Не дізнається! – вигукнула Беатріс. Вона раптом захотіла показати всьому світу й собі самій, що вона самостійна дівчина і взагалі багато чого може. – Коли прийде бабуся?

— О п'ятій тридцять. Це через десять хвилин...

— Тоді ти, як там тебе, іди сюди... – впевнено сказала дівчина.

— Мене звати Браян... – пробурмотів русявий.

Беатріс почала витягати з валізи косметику.

— Зараз ми все виправимо. Будеш як новенький.

скри́пнути – to squeak
доро́слий – adult
шви́дко – fast
бі́гати по ко́лу – to run in circles
за кі́лька секу́нд – in a few seconds
леті́ти – to fly
ці́лий – whole
рій бджіл – swarm of bees
ву́лик – beehive
помі́тити – to notice
на мить – for a moment
Ми не ви́нні! – This is not our fault!
маха́ти – to wave
рятува́ти – to save, to rescue
лак для воло́сся – hair spray
фікса́ція – fixation
бри́знути – to spray
завме́рти – to freeze

прокла́да́ти шлях – to make the way
наре́шті – at last
забі́гти – ran into
зачини́ти – to close
ста́рший – the older one
моло́дший – the younger one
руся́вий – with light brown hair
руди́й – red-haired
в безпе́ці – in safety
значо́к – badge
на па́м'ять – as a souvenir
пові́сити – to hang up
ра́мочка – frame
дозволя́ти – to allow
ві́рити – to believe
детекти́в – detective
показа́ти збли́зька – to show closer
от і все – that is all
дурна́ пта́ха – silly bird

взя́ти – to take
понести́ – to carry away
зі́рка – star
пря́мо на – right on the
соро́ка – magpie
кра́сти – to steal
блища́ти – to shine, to glitter
ключ – key
обру́чка – ring
ра́птом – suddenly
та... – emphasizing particle
блиску́чий – shiny
трима́тися за обли́ччя – to hold one's face
напу́хнути – to swell
дізна́тися – to find out

зітхну́ти – to sigh
самості́йний – independent
взагалі́ – in general
прийти́ – to come
як там тебе́ – whatever your name is
іди́ сюди́ – come here (imperative)
пробурмоті́ти – to mumble, to mutter
витяга́ти – to pull out, to drag out
Ми все ви́правимо. – We'll fix everything.
Бу́деш як нове́нький. – You'll be good as new. (idiom)

ПРОБУРМОТІВ ЧИ ВИГУКНУВ?

Як можна говорити? О, по-різному...
Сказав – he told
Пробурмотів – he grumbled
Вигукнув, гукнув – he yelled (usually not because of fear but because of another emotions)
Крикнув – he yelled, shouted

Вставте слова: крикнути, пробурмотіти, вигукнути. Дієслова поставте в минулому часі.

① Мирослав живе в місті. Сьогодні він побачив корову й _____: «Круто!»

② Діти на подвір'ї бігали, _____, трохи билися...

③ Бджола сіла на ніс Беатріс. Вона _____: «Допоможіть!»

④ «Не хочу я працювати на городі», – _____ онук.

РОЗДІЛ 4

УВІЙШЛА БАБУСЯ

— О, а ви вже тут! Гості дорогенькі! Вітаю вас у Вишеньках!
Бабуся обняла й поцілувала Браяна та Беатріс.

— А чому ви такі сумні? Ну добре, відпочиньте трохи та сідайте вже до столу. А от і дід! Петре, де ти ходиш? Ану йди сюди, гості вже тут!

Через кілька хвилин Беатріс сиділа за великим столом. На столі були червоний борщ (вона про нього читала), цибуля, часник, сіль, огірки та помідори, чорний хліб і щось біле.

— Це сало, — посміхнулася баба Галя. — Ви ж не вегетаріанці?

— Я – ні... — відповіла Беатріс.

— Я теж не вегетаріанець, — додав Браян.

А ще в сковороді парувала картопля. Так багато їжі Беатріс давно не бачила. А за три дні дороги вона вже добре зголодніла.

Поруч сиділа жінка. У неї на голові була червона хустка, а на плечі лежала товста сива коса. На собі вона мала легку блакитну сукню і фартух. Ще тут був дід. На голові в нього зовсім не було волосся, ані волосинки, зате у нього була велика густа борода. Біла-біла. Було видно, що дід усміхається.

Менший хлопець мав зелені очі, руде волосся, схоже на копицю сіна, і веснянки. Багато-багато веснянок. Ну а хлопець, якого покусали бджоли, був дуже смаглявим і говорив з акцентом.

Настав час познайомитися з усіма ближче.

увійти́ – to come in, to enter
гість – guest
дороге́нький – dear, dearest (diminutive from **«дорогий»**)
Віта́ю вас у... – Welcome to...

обня́ти – to hug
поцілува́ти – to kiss
відпочива́ти – to have a rest and take a seat by the table
сіда́ти до сто́лу – to take a seat at the table

А от і... – Here is...
ану – particle, used to emphasize smth
цибу́ля – onion
часни́к – garlic
сіль – salt
огіро́к – cucumber
помідо́р – tomato
чо́рний хліб – rye bread («black bread»)
са́ло – lard, animal fat
Ви ж не вегетаріа́нці? – You are not vegetarians, are you?
ж (же) – emphasizing particle
сковорода́ – pan
парува́ти – to steam
карто́пля – potatoes
зголодні́ти – to get hungry
по́руч – near

ху́стка – headscarf
товста́ си́ва коса́ – grey-haired thick braid
легка́ блаки́тна су́кня – light blue dress
фарту́х – apron
зо́всім – entirely, absolutely, totally
ані́ волоси́нки – no hair at all
борода́ – beard
схо́жий – to be like
копи́ця сі́на – stock of hay
весня́нка – freckle
покуса́ли бджо́ли – was stung by bees
смагля́вий – swarthy
акце́нт – accent
Наста́в час... – It was time to...
познайо́митися бли́жче – to get to know better

ВІТАЮ ВАС У ВИШЕНЬКАХ!

Що ми ще можемо сказати?

Вітаю вас у Києві!   Вітаю вас в Україні!
Вітаю вас у Токіо!   Вітаю вас на Філіппінах!

Що скаже працівник аеропорту в таких місцях:

① Мадрид – _____
② Афіни – _____
③ Лісабон – _____
④ Тбілісі – _____
⑤ Японія – _____
⑥ Грузія – _____
⑦ Греція – _____
⑧ Іспанія – _____

РОЗДІЛ 5

ГРАД ЗАПИТАНЬ

— Як вас звати? Де працюєте? Де навчаєтесь? Нашу мову розумієте? — почала бабуся.

— Гей, пригальмуй, — сказав дід. — Вони — іноземці, а не твої сусіди. Одне питання за раз.

— Добре... То як вас звати?

— А може, я почну? Із Браяном ми вже познайомилися, — сказав хлопчик і спитав дівчину: — А тебе як звати?

— Мене звати Беатріс, — сказала вона і простягнула руку. — Можна просто Тріс.

— Тріс — це як тріска, — захихотів малий.

— Що таке «тріска»?

— Ну, це паличка. Може, Боня буде краще?

— Сам ти Боня! — зупинила його бабуся. — Беатріс — гарне ім'я. І Тріс теж нормально. Я дивилася один серіал, то там були Аннабель, Аврора, Серафіма, Себастьян...

— А я Браян, — сказав хлопець. — Мирослав вже знає, але ви — ще ні...

— Приємно познайомитися. Я Галя, а це Петро.

— Так, мене звати Петро... — ображено сказав дід. — А це наш онук Славко.

— Як Вакарчук?

— Ні, той В'ячеслав, а в нас Мирослав. Можна казати Мирось.

— А в якому ти класі? — спитав Браян.

— Я тобі вже казав. Шостий закінчив.

ЯК ІНОЗЕМЦІ КОЗАКА РЯТУВАЛИ

ДІД ПЕТРО

БАБА ГАЛЯ

АНІ ВОЛОСИНКИ

ГУСТА БІЛА БОРОДА

ХУСТКА

СИВА КОСА

ФАРТУХ

СУКНЯ

А ДЕ ТУТ ПОЛІЦЕЙСЬКА ЗІРКА?

— Значить, тобі одинадцять років, так?
— Дванадцять! — поважно сказав хлопчик.
— Галя, Петро, Мирось, Браян... — повторила Беатріс.
А Мирось примружив хитрі зелені очі. Він явно щось замислив. От тільки що?..

град запитань — barrage of questions
Гей, пригальмуй... — Hey, slow down a little...
одне запитання за раз — one question at a time
то — so (spoken)
почати — to start
краще — better (comparative of «добре»)
захихотіти — to start giggling
паличка — little stick (diminutive from «палиця»)
серіал — series
ображено — offended
онук — grandson
В'ячеслав Вакарчук — a famous contemporary singer, leader of the «Океан ельзи» music band
поважно — sedately
примружити очі — to screw up (narrow) one's eyes
хитрі очі — shifty eyes
Він явно щось замислив. — He was definitely up to something.
От тільки що? — But what?

СЛАВКО ТА МИРОСЛАВ

Одне ім'я може мати різні варіанти, наприклад:
В'ячеслав – Славко, Слава
Знайдіть пару!

1. Олександр
2. Мирослав
3. Галина
4. Петро
5. Ірина
6. Євген, Євгенія
7. Тетяна
8. Катерина
9. Наталія

А Наталка, Наталя
Б Іра
В Катя, Катруся
Г Петрик, Петя
Д Таня
Е Сашко, Саша
Є Женя
Ж Галя
З Мирось

РОЗДІЛ 6

ЧОМУ ВИ ТУТ?

— Ну а тепер, дітки, що вас сюди привело? — спитав дід.

— Я студент, — сказав Браян і поправив окуляри. — Я навчаюся в Мічиганському університеті на факультеті екології. Я вивчаю ґрунти й пишу наукову роботу про український чорнозем. Я вивчав українську мову на курсах. І я дуже радий нарешті бути тут.

Беатріс скоса подивилася на Браяна. Підготувався він добре... Мабуть, у літаку вчив промову. Ще й окуляри начепив, мабуть, щоб здаватися розумнішим... Оце так сюрприз! З Мічигану, українською мовою говорить, та ще й ґрунти...

— А ти, дитино? Що тебе до нас привело? — тут вже запитання поставила бабуся.

— Як що? Стипендія! Стипендія молодих ґрунтознавців від Всесвітньої організації охорони ґрунтів! Я хочу її виграти, — сказала Тріс.

— Ага, зрозуміло — кивнув дідусь. — Наші чорноземи — унікальні.

Тепер уже невдоволено дивився Браян.

— Ти навчаєшся?

— Так, я студентка Іспанського університету Сантьяго-де-Компостела, факультет екології. Я вивчаю ґрунти й буду писати наукову роботу.

— О, чудово! — зрадів дідусь. — Як добре, що ця твоя програма, Миросю, нам допоможе... е-е-е... розширити світогляд!

— Це програма «Вивчай землю і працюй на землі!». Спеціально для всіх, хто хоче отримати цю стипендію, — пояснив онук.

— Так... Мирось казав, що ви будете нам допомагати... як волонтери, — радісно говорила бабуся.

— Ми будемо, але... — почала Беатріс.

— А ще ви будете вивчати свої ґрунти, — сказав дід Петро. — Землі тут, слава Богу, повно.

— Але ж... стипендію виграє тільки одна людина! — прошепотіла Беатріс. Вона думала, що вона така одна-єдина, а тут... У Браяна теж брови полізли на лоба.

— Програма починається сьогодні, шостого червня. І в нас три тижні на дослідження, — сказав він.

— Круто! — потер руки малий. — І я тут буду три тижні... Хоч не буду сам, разом веселіше!

— Це точно... — пробурмотіла Беатріс. — Ти сам не будеш. І я не буду. А де ми, до речі, будемо жити?

— Зараз покажу... — відповів дідусь.

Що вас сюди́ привело́? – What brought you here?
попра́вити – to fix
еколо́гія – ecology
ку́рси – courses
ско́са подиви́тися – to look askance
підготува́тися – to prepare oneself
промо́ва – speech
начепи́ти окуля́ри – to put on glasses
здава́тися розумні́шим – to look smarter
та ще й – and also
стипе́ндія молоди́х ґрунтозна́вців – scholarship for young soil-experts
ки́внути – to nod
уніка́льний – unique
невдово́лено – dissatisfied
зраді́ти – to rejoice
розши́рити світо́гляд – to broaden one's horizons
спеціа́льно – specially
волонте́р – volunteer
ра́дісно – gladly
сла́ва Бо́гу – thank God
по́вно землі́ – a lot of land
прошепоті́ти – to whisper
одна́-є́дина – the only one
бро́ви полізли на ло́ба – he raised his eyebrows (literally: eyebrows climbed onto his forehead)
кру́то – cool
сам – alone
показа́ти – to show

❓ ЧУДОВО ЧИ ПОГАНО??

Яке слово ми пропустили?

(повно, радісно, скоса, спеціально, чудово, погано)

① _____, що в тебе напух ніс.

② _____, що ви будете нам допомагати.

③ Тут чорнозему _____!

④ Беатріс _____ співала гімн Іспанії.

⑤ Ця стипендія – _____ для студентів, які вивчають українську.

⑥ Браян _____ подивився на Беатріс.

РОЗДІЛ 7

ДЕ МИ БУДЕМО ЖИТИ?

Стіл стояв у вітальні: тут усі вечеряли, снідали та обідали. На стінах вітальні висили різні фотографії баби Галі за часів її служби в поліції. А ще – світлини діда Петра в бібліотеці, серед книжок. Було тут і багато фоток Мирося: ось він малесенький, ось трохи старший. А з ним чоловік і жінка:

— Це мої мама й тато. Це ми в Києві, ми там живемо, – пояснив хлопчик.

— А це що? – кивнула на стіну Беатріс.

— Це фото, як дід колись давно...

— Ні, праворуч.

— Дзеркало.

— Ні, не це! Оце! – вона встала й показала довгі шматки тканини, що висіли на стінах — білосніжні, з дрібними кольоровими візерунками.

— Це вишивані рушники, — пояснила бабуся. — Я вишивала, і моя мама, і моя бабуся. Це наша традиція.

— Дуже гарно, — сказала Беатріс.

— Ну, ходімо, покажу, де ви будете жити, — мовив дід Петро. — Ми зробили ремонт, але хата дуже стара. Бачите, це піч... Тут спить у нас Мирослав. Йому подобається лазити нагору...

— О, круто, — сказав Браян. — А можна мені залізти?

— Можна, звісно... А тут у нас кухня, тут ванна. У ванні в нас є бойлер, тому є й гаряча вода. Воду з крана краще не пити, — говорив далі дід. — Пити можна тільки з криниці.

— А де туалет? — спитав Браян.

— А туалет надворі, он він, — усі троє саме вийшли надвір. — Ще в нас є літній душ, ось він, під вишнею. Та-а-ак... А тут у нас гамак.

Гамак висів між деревами в саду. Він особливо сподобався Тріс, але ж гамак — не ліжко...

— То де ми будемо спати? — спитала вона.

— У бібліотеці...

— Де?.. — не зрозуміла Тріс.

— Це моя бібліотека, але зараз це буде твоя спальня, — сказав дідусь і показав кімнату.

Кімната була чиста і затишна. Тут було багато полиць із книжками, а ще ліжко та велике вікно, що виходило в сад, на квіти. Тут також була шафа та маленький стіл.

— Ну от. Всі умови для навчання! — сказав дід.

— Чекайте, а Браян що, теж буде тут? — запитала Беатріс.

— Ні, що ти! Браяна ми розмістимо на горищі. Якраз над цією кімнатою. Там уже все готово: сіно м'якеньке, ковдра — усе є!

віта́льня — living room
висі́ти — to hang
за часі́в її слу́жби в полі́ції — during her work in police
ста́рший — older

фо́тка — photo (short from «фотогра́фія»)
мале́сенький — very little (diminutive from «мали́й»)
білосні́жний — snow-white

з дрібни́ми кольоро́вими візеру́нками – with small colorful patterns
виши́ваний – embroidered
рушни́к – towel
вишива́ти – to embroider
тради́ція – tradition
мо́вити – to say
зроби́ти ремо́нт – to renovate, to make repairs
піч – oven
ла́зити – to climb (imperfective)
залі́зти – to climb (perfective)
та мо́жна – of course you may («та» gives a shade of expressiveness of spoken language)
бо́йлер – boiler
кран – tap
крини́ця – well
надво́рі – outside
лі́тній душ – outdoor shower, «summer shower» (often a hand-made construction used as a shower in summer, in the yard or garden)
ви́шня – cherry-tree
гама́к – hammock
чи́стий – clean
зати́шний – cozy
ві́кно вихо́дило в сад, на кві́ти – the window faced the garden and flowers
Ну от. – That's it.
умо́ви – conditions, facilities
Що ти! – What are you talking about? (Of course, no).
розмісти́ти – to put, to place, to accommodate
гори́ще – attic
якра́з – exactly, right, just
гото́во – ready
м'яке́нький – soft (diminutive from «м'який»)
ко́вдра – blanket

ОБЕРІТЬ ПРАВИЛЬНУ ВІДПОВІДЬ:

1. Що висіло на стінах у вітальні?
    - **А** Гамак і літній душ
    - **Б** Рушники, дзеркало, фотографії
    - **В** Фотографії, гамак, полиці
    - **Г** Сіно, фотки, рушники, дзеркало

2. Що робить бойлер?
   - **А** Гріє воду
   - **Б** Прибирає в хаті
   - **В** Готує їжу
   - **Г** Зберігає продукти

3. Де стояло ліжко Беатріс?
   - **А** У бібліотеці діда Петра
   - **Б** У саду між деревами
   - **В** На горищі
   - **Г** У вітальні

4. Дід Петро говорив про ковдру. Де вона лежала?
   - **А** На сіні на горищі
   - **Б** На ліжку Беатріс
   - **В** На печі в Мирослава
   - **Г** У ванні

РОЗДІЛ 8

КОНКУРЕНЦІЯ

Беатріс довго думала, як позбутися конкурента. Треба було використати фантазію.

Вночі вона встала й пішла в курник. Там висмикнула з білого півня три пір'їни. Потім вилізла на горище, де спав Браян, і застромила ті пір'їни йому в волосся.

— Хто? Що? Мене звати Браян... Я студент Мічиганського... — повторював уві сні хлопець. Він дуже хотів добре говорити українською.

— Тс-с-с... — заспокоїла його Тріс.

Браян знову заснув. А Беатріс взяла свою найчервонішу помаду...

Вранці всі зібралися снідати – тільки ще Браяна не було. Беатріс почала розмову:

— А ви знаєте, звідки Браян?

— Так, він зі штату Мічиган, – відповіла бабуся. – А що?

— Ну, ви знаєте... Там сильні традиції індіанців.

— О, традиції – це чудово! Берегти звичаї – це дуже добре! – сказав на те дід.

— Традиції – це добре, але... Різні є традиції. Там живе таке войовниче плем'я – оджибва, – сказала Беатріс дуже тихо. – Так от, вони малюють на обличчі червоні смужки. І носять біле пір'я на голові. Ну, знаєте, ці індіанці... Коли вони приходять у гості, то потім хату забирають собі, а господарів смажать.

— Та невже??? – здивувалася бабуся.

— Так-так... І головне – вони завжди кажуть, що все це неправда!

На тому слові до кімнати увійшов Браян. На обличчі в нього були червоні смужки, а у волоссі – біле пір'я.

— Привіт, Браяне, — мовила бабуся. — Щось ти сонний...

— Я погано спав, — сказав він. — Мені снилося, що до мене вночі приходили якісь кури... Чи одна курка крутилася біля мене....

— Ага, ну сідай, будемо їсти, — сказала бабуся. — Твої пращури з племені оджибва, правда?

— Так... — відповів він.

— І це в тебе такий традиційний костюм? — спитав дід і кивнув на пір'я. — І бойовий мейк-ап?

— Що? Який майк-ап? Де?! — злякався Браян.

— Ну, ви в Мічигані, мабуть, робите макіяж бойовий. І пір'я в голові носите... — лагідно сказала бабуся.

— Яке пір'я?! — злився Браян. — Нічого ми не носимо!

— І що, господарів не смажите? — примружила око Беатріс.

— Що за дурня?! — вигукнув Браян. — Це все неправда!

— Я вам казала! — гордо мовила Беатріс.

— Чекайте, — втрутився дід, — це можна перевірити. Я бібліотекар чи хто?

Він пішов до іншої кімнати й прийшов з книжкою. То була енциклопедія народів.

«Плем'я оджибва, — почав читати дід, — дуже мирне плем'я. Вони люблять ходити в гості. Пір'я носять тільки з орлів». І додав від себе: «А не з наших курей».

Бабуся глянула своїм детективним поглядом спочатку на Браяна, потім на Беатріс. Дівчина стала червона як рак.

— Ну, так чи інак, — сказала бабуся, — а я бачу, ти ще не вмивався, дорогенький. Умийся, а тоді будеш свіжий і чистий, як нова копійка. І в дзеркало подивитися не забудь.

Браян повернувся чистий, без смужок. Він грізно дивився на Беатріс.

«Ой», — зітхнув Мирось. Це було зовсім не те, чого він хотів. У нього на цих двох були зовсім інші плани.

конкуре́нція – competition
позбу́тися – to get rid of
конкуре́нт – rival
ви́користати – to use
фанта́зія – imagination
вста́ти – to get up
курни́к – henhouse
ви́смикнути – to pull out
пір'ї́на – feather
застроми́ти – to put in
пома́да – lipstick
у́ві сні – in a dream, in one's sleep
Тс-с-с... – Shhhh... (sound to make smb quiet)
заспоко́їти – to calm
засну́ти – to fall asleep
найчервоні́ший – the reddest (superlative of «черво́ний»)
зібра́тися – to get together, to gather
розмо́ва – talk, conversation
берегти́ зви́чаї – to keep customs
войовни́че пле́м'я – warlike tribe
сму́жка – stripe
госпо́дар – host, owner
забира́ти – to take (away)
сма́жити – to roast
Та невже́? – Really? (means «You must be joking!»)
непра́вда – lie, not true
пра́щур – ancestor

Щось ти со́нний. – You are kind of sleepy.
сни́тися – to have a dream, to dream
крути́тися – to be somewhere near
костю́м – costume
мейк-а́п = макія́ж – make-up
бойови́й макія́ж – war make-up
ла́гідно – gently
зли́тися – to be angry
Що за дурня́! – What nonsense!
чека́ти – to wait
втру́титися – to intervene
переві́рити – to check up
енциклопе́дія наро́дів – encyclopedia of nations
ми́рний – peaceful
оре́л – eagle
дода́ти – to add
по́гляд – glance
черво́ний як рак – red as a lobster (idiom)
так чи іна́к – this way or another, anyway
вмива́тися – to wash one's face
сві́жий – fresh
як нова́ копі́йка – good as new (idiom)
грі́зно – threateningly
ой – oh
У нього на цих двох були́ зо́всім і́нші пла́ни. – He had other plans for these two.

⚠ ЗБИРАТИ ТА ЗБИРАТИСЯ ЯКА РІЗНИЦЯ?

Збирати кого? що? – складати разом, скликати докупи
Наприклад: збирати речі, збирати огірки, збирати разом дітей.
Збиратися – складати речі, готуватися до поїздки.
Наприклад: збиратися в дорогу, збиратися на автобус.
Збиратися щось робити – планувати дію.
Наприклад: збираюся йти, збираюся їхати, збираюся їсти.
Вставте дієслова «збиратися» чи «збирати» у потрібній формі (теперішній час). Що вони означають?

① У вівторок і четвер ми _____ огірки.
② Восени Марта й Іван _____ гриби.
③ Ми _____ обідати о третій.
④ Беатріс _____ на автобус.
⑤ Беатріс _____ полуниці в червоній сукні.
⑥ Ви _____ в похід?
⑦ Директор _____ колег у конференц-залі.

РОЗДІЛ 9

УМОВИ КОНТРАКТУ

– Я тут читаю умови вашої програми, – дід насунув окуляри на носа. – Отже, гості допомагають по господарству. Коли є час, роблять свої досліди, – він подивився на Браяна та Беатріс і підняв вказівного пальця. – Значить, так. Ми з Галею вирішили, що сьогодні один буде допомагати, а другий буде робити досліди. А завтра навпаки.

ЯК ІНОЗЕМЦІ КОЗАКА РЯТУВАЛИ

— А хто буде першим? – спитав Браян.
— Першою буде Беатріс як леді...
Беатріс це сподобалося.
— Іди сюди, дорогенька, дам тобі тачку й покажу, що робити, – сказала бабуся.
Усмішка зникла з обличчя Тріс.
— Я думала, що буду перша досліди робити!
— Гм... – почухав голову дід. – Який тоді вихід? Тут написано «чесна конкуренція».
— Стоп! – вигукнув раптом Мирось. – А може... Може, влаштуємо змагання?
— Так! – відповіла радо Беатріс.
— Авжеж! Залюбки! – сказав Браян і закачав рукави.
— Тоді... тоді... – дід не міг вигадати завдання.
— Он Ромашка не доєна, – сказала баба Галя і показала на корову. – Я вчора цей... працювала багато... не можу подоїти.
— «Працювала», – повторив дід. – Ти віджималася, бо передивилася детективних серіалів! Там всі ці жінки-поліцейські... Цілими днями тренуються! Тільки ти забула, що в них корови нема, городу нема... Є в них час на всі ці дурниці!
— Ну, то таке... – відповіла Галя. – Так чи інак, а я не хочу зараз доїти Ромашку. Хто з вас надоїть більше молока за одну хвилину, той виграв.

Браян і Беатріс побігли до корови. Дід Петро взяв свій секундомір. Беатріс сіла на стілець перед коровою, заколола волосся і...
— Хвилина пішла! – вигукнув дід.

Беатріс почала доїти Ромашку. Проте як вона не старалася – нічого не виходило. Треба мати дуже сильні руки...
— Кахи-кахи... Хі-хі... – Браян притулив кулака до рота.
— Немає нічого смішного! Це важко, – сказала захекана Беатріс.
Браян нічого не відповів і теж сів на стілець.
— Хвилина пішла! – знову гукнув дідусь.
І за хвилину перед Браяном уже стояло повне відро молока.
— Я займаюся спортом. Качаюся в спортзалі, – гордо сказав він.
— Так нечесно! Це неправильна корова! – протестувала Беатріс.

Але змагання закінчилося. Усе. Кінець.

— Такі сьогодні були умови. Тому Браян іде робити досліди, а Беатріс буде нам допомагати, — мовила бабуся. — Треба зібрати яйця в курнику, піти до магазину по хліб, а потім начистити картоплі та буряку...

Браян задоволено посміхнувся.

— Ах ти ж... Я тобі покажу... — пробурмотіла Беатріс.

«Дідько!» — сказав Мирослав і лпснув себе рукою по чолу. Не цього він чекав, ой, не цього...

умо́ви контра́кту – the terms of the contract
насу́нути – to put on
о́тже – so
допомага́ти по господа́рству – to help around the house
підня́ти – to lift
вказівни́й па́лець – forefinger
Зна́чить, так. – Here's the deal.
ви́рішити – to decide
оди́н, дру́гий – the first one, the second one
навпаки́ – vice versa
та́чка – wheelbarrow
у́смішка – smile
зника́ти – to disappear
почу́хати го́лову – to scratch one's head
ви́хід – way out
напи́сано – written
че́сний – fair
мо́же – maybe

влаштува́ти змага́ння – to hold a competition
авже́ж – of course
залюбки́ – with pleasure
закача́ти рукави́ – to roll up the sleeves
ви́гадати – to invent
завда́ння – task
до́єний – milked
подої́ти – to milk
віджима́тися – to do push-ups
ці́лими дня́ми – all day
тренува́тися – to exercise
дурни́ця – nonsense
надої́ти – to milk
заколо́ти воло́сся – pin up hair
Хвили́на пішла́! – One minute starts now!
ви́гукнути – to cry out, to burst out
як вона́ не стара́лася – no matter how hard she tried

стара́тися – to try (hard)
нічо́го не вихо́дило – nothing worked out
притули́ти – to press against
кула́к – fist
захе́каний – breathless
гукну́ти – to cry out, burst out
відро́ – bucket
кача́тися – to work out
Так нече́сно! – This is not fair!
протестува́ти – to protest
зібра́ти – to gather, to collect
яйце́ – egg
почи́стити – to peel
буря́к – beetroot
задово́лено – with satisfaction
ах ти ж... – oh, you...
ді́дько – hell
ля́снути руко́ю по чолі́ – to slap one's forehead

ОБЕРІТЬ ПРАВИЛЬНУ ВІДПОВІДЬ

1. Умови контракту такі:

   А Учасники роблять досліди, а коли є час, допомагають по господарству

   Б Учасники відпочивають та трохи працюють на городі

   В Учасники допомагають по господарству, а коли є час, роблять досліди

2. Чому вони хотіли влаштувати змагання?

   А Тому що не могли вирішити, хто буде першим робити досліди

   Б Тому що Ромашка була недоєна

   В Тому що бабуся дивилася багато серіалів

3. Чому бабуся не могла подоїти корову?

   А Тому що хотіла йти дивитися серіал

   Б Тому що віджималася і в неї боліли руки

   В Тому що хотіла робити досліди

РОЗДІЛ 10

МЕНІ ТРЕБА ТРОХИ ПРАКТИКИ!

— **Я** поїду з вашого дурного села геть! — сказала Беатріс і витерла піт. — Я сюди приїхала робити досліди. До-слі-ди! Я студентка! Я дослідниця! Я екологиня! А не фермерка!.. — кричала вона.

— Чекай, — сказав на те Мирось. — Чому ти хвилюєшся? Ти все зможеш! Ти зробиш величезне відкриття!

— Я? — вона звела чорні брови вгору. — Хто тобі сказав?

— Я це в серці відчуваю! — пояснив малий. — У тебе є потенціал! Ти сильна жінка! Ти все зможеш!

«Гм-м, може, воно й так... — подумала Беатріс. — Я ніколи не пасла задніх. Колись давно пасла, але не тепер».

— Це твій зоряний час! Коли, як не зараз! Хто, як не ти! — натхненно говорив далі малий.

— І що мені робити? — спитала Беатріс.

— Ну... — він почав думати. — Мабуть, треба зробити так, щоб ти точно виграла наступне змагання.

— А яке це може бути змагання? Що ви тут часто робите?

— Ну, сапаємо, полемо, — і він показав, як працювати сапою.

— А, знаю таке, — відповіла Беатріс.

— А вмієш?

— Умію, але давно не тренувалася... Часу не було, знаєш... Мені треба трохи практики. Хочу зробити все ідеально.

пра́ктика – practice
поі́хати – to go by transport
геть – away
дурни́й – silly
ви́терти піт – to wipe the sweat

до́слід – experiment, research
досліdни́ця – researcher
   (female, male – **досліdни́к**)
еколоґи́ня – ecologist
   (female, male – **еко́лог**)

фе́рмерка – farmer (female, male – **фе́рмер**)
хвилюва́тися – to worry, to be worried
змогти́ – can (perfective from «**могти́**»)
величе́зний – huge
відкриття́ – discovery
звести́ бро́ви – to lift one's eyebrows
відчува́ти в се́рці – to feel in one's heart
поясни́ти – to explain
потенціа́л – potential
си́льна жі́нка – strong woman

пасти́ за́дніх – to trail behind (idiom)
коли́сь – once
зо́ряний час – hour of triumph (idiom)
Коли́, як не зара́з! – If not now, then when?
Хто, як не ти! – If not you, then who?
натхне́нно – with inspiration
ча́сто – often
сапа́ти – to hoe
поло́ти – to weed
са́па – hoe
ідеа́льно – perfectly

НАВІЩО? ЩОБ!

Прочитайте речення, зверніть увагу на виділені слова:
Напишемо план, ***щоб виграти*** наступне змагання.
We'll write a plan to win the next competition.
Мабуть, ***треба трохи практики, щоб зробити*** це ідеально.
Maybe, I need some practice to do it perfectly.

З'єднайте дві частини речення:

① Я їм вітаміни,
② Андрій і Катя багато працюють,
③ Я хочу поїхати в Антарктиду,
④ Олексій пішов на курси малювання,
⑤ Беатріс вивчила українську мову,
⑥ Вона поїхала до України,
⑦ Тріс вивчає ґрунти,
⑧ Тріс пише наукову роботу,

🅰 щоб вивчати ґрунти.
🅱 щоб стати художником.
🅲 щоб бути здоровим.
🅶 щоб виграти стипендію.
🅳 щоб мені не було жарко.
🅴 щоб написати наукову роботу.
🅴 щоб поїхати на рік до Азії.
🅹 щоб поїхати до України.

РОЗДІЛ 11

ВИСНАЖЛИВИЙ ТРЕНІНГ

Наступного ранку Беатріс встала о шостій. На неї вже чекав Мирось. Надворі весело кукурікав півень Гаврило.

— Де будемо тренуватися?

— Отут, на часнику, — Мирось показав на город.

— Гаразд. Тоді я беру цей перший рядок.

— Добре. Треба, щоб тут не було нічого зеленого, а тільки оце, — він показав на часник. — Ти ж знаєш, де часник, а де бур'ян?

— Що таке бур'ян?

— Ну, це такі погані рослини. Ну, ті, які не часник.

— Зрозуміла, — махнула рукою дівчина. — Не хвилюйся! Я не зовсім вже дитина міста. Просто треба трохи попрактикуватися.

— Ти все зможеш! Я в тебе вірю! — знову гукнув Мирось.

«О, так... І я в себе вірю...» — подумала дівчина. Беатріс хотіла зробити все ідеально. Тому вона взяла манікюрний набір. Великі рослини вирвала руками, малі — манікюрними кусачками, а зовсім маленькі — щипцями для брів. Через годину рядок часнику мав ідеальний вигляд. Там була тільки чорна земля та зелений часник. А Беатріс сиділа поруч із плямами на обличчі й важко дихала.

— Пора змагатись! — оголосив дідусь і засвистів у свисток.

виснáжливий — exhausting
трéнінг — training
настýпний — next
вéсело — gaily
тренувáтися — to practice

горóд — vegetable garden
гарáзд — okay
рядóк — row
бур'я́н — weed
росли́на — plant

попрактикува́тися – to have some practice
Я в те́бе ві́рю! – i believe in you!
манікю́рний набі́р – manicure set
ви́рвати – to pull out
куса́чки – nail clippers
щипці́ для брів – eyebrow tweezers

ви́гляд – look
пля́ма – spot
ва́жко ди́хати – to breathe heavily
оголоси́ти – to announce
засвисті́ти – to begin whistling
свисто́к – whistle

ОБЕРІТЬ ПРАВИЛЬНУ ВІДПОВІДЬ.

1. Беатріс використала для тренування
    - **А** манікюрний набір
    - **Б** косметику
    - **В** наукові знання

2. Де тренувалася Беатріс?
    - **А** на часнику
    - **Б** на буряку
    - **В** на картоплі

3. Чому Беатріс потрібен був тренінг?
    - **А** Вона хотіла мати чудовий вигляд.
    - **Б** Вона хотіла виграти змагання.
    - **В** Вона дуже любила часник.

РОЗДІЛ 12

ПОЛЮВАННЯ НА КУРЕЙ

Браян вийшов на подвір'я в піжамі. Він ще позіхав.

— Що сьогодні буде? — спитала Беатріс. Вона так сподівалася, що треба буде полоти часник...

— Ой! Тут думати нічого! — крикнула пані Галя. — Кури вибігли через дірку в паркані на город до сусідки Одарки й тепер там все розгрібають. Треба їх половити! Хто зловить більше курей, той і виграв! За десять хвилин! Швиденько! Час пішов!

Дід Петро знову засвистів у свисток. Браян повільно пішов на город до сусідки Одарки. Беатріс хотіла бігти, але раптом відчула, що в неї підкошуються ноги. Бігти вона не могла. Втома була і в руках, і в ногах. Вона дошкутильгала до городу сусідки... А Браян уже передавав через паркан бабі Галі третю курку.

Тим часом дід усе записував у блокнот. Беатріс змогла зловити тільки одну дуже сонну курку. Дівчина ледве дійшла назад і сіла на траву.

— Виграє Браян! А тепер — снідати, а потім — до роботи, — твердо сказала бабуся.

— Дідько, — озвалася Беатріс.

Це словечко вона не раз чула від Мирося. Ось і їй згодилося...
А Браян спокійно пішов у хату, наче нічого не сталось.

— Може, завтра тобі пощастить, — сказав він Беатріс по дорозі.

полюва́ння на куре́й — hunting for hens
піжа́ма — pyjamas
позіха́ти — to yawn

сподіва́тися — to expect, to hope
Тут ду́мати ні́чого! — There's nothing to think about!

UKRAINIAN LESSONS

розгріба́ти – to rake
злови́ти – to catch
швиде́нько – quickly
пові́льно – slowly
відчу́ти – to feel
підко́шуються но́ги – one's legs fail

вто́ма – tiredness
дошкутильга́ти – to limp, to waddle
передава́ти – to give
парка́н – fence
блокно́т – notebook
пощасти́ти – to have luck

ВІН ЧИ ВОНА?

Погляньте, як утворюються відповідники жіночого роду:

Сусід (чоловік) – сусідка (жінка)

Філолог – філологиня

Студент – студентка

Правник – правниця

Українець – українка

Доберіть до поданих слів відповідник чоловічого роду:

❶ подруга – _____

❷ письменниця – _____

❸ засновниця – _____

❹ екологиня – _____

❺ психологиня – _____

❻ лікарка – _____

❼ американка – _____

РОЗДІЛ 13

ЧИ Є В СЕЛІ СІЄСТА?

Цей червень був дуже спекотний. Вдень було так жарко, що хотілося лише стрибнути в річку чи море. Спека стояла страшенна. Майже як в Іспанії!

Сьогодні теж було спекотно. Беатріс працювала й працювала. Та ось настав час сієсти. Ну все, нарешті можна відпочити... Беатріс купила в сільському магазині морозиво і зробила полуничний коктейль. А потім лягла в гамак під черешнею.

Перед нею був чудовий український краєвид. Чорноземи, зелені садки, квіти... Пахло солодким повітрям червня. Та головна краса була не в тому.

На городі робив досліди Браян. Була спека, і хлопець працював без футболки. Він копав, щоб знайти потрібні зразки ґрунту. Дівчина дивилася на його міцні м'язи, засмаглу спину, чорні очі, широкі плечі... Він працював і не звертав ні на кого уваги.

— Гм, а він і справді ходив у спортзал, — сказала собі Беатріс. — Які в нього руки і ноги... і біцепси, і трицепси, і прес... І плечі широкі, і очі карі...

Та милуватися красою довго не вдалося.

— А що це ти тут лежиш?! — почула раптом Беатріс біля вуха.

Там стояла бабуся Галя — руки в боки, суворий поліцейський погляд.

— Зараз сієста! — сказала дівчина. — В Іспанії ніхто в такий час не працює...

— Я тобі дам Іспанію! — гукнула бабця. — У нас в Україні сієста тоді, коли все готово.

— Так такого не буває!

— Еге ж, якщо тут лежати в гамаку, то не буває. Я просила сіно на горище винести, огірки полити, полуниці зібрати... Ану йди, ставай отам у тінь, щоб було не жарко, і поливай огірки.

Беатріс скривилася, та що робити? Треба йти — такі вже умови контракту. Хоча це їй відверто не подобалося.

За десять хвилин вона вже поливала огірки й бурмотіла:

— Ну, чекайте, бабусю, я вам усім тут покажу, де раки зимують!

спе́ка – heat
страше́нний – terrible
ма́йже – almost
моро́зиво – ice-cream
полуни́чний – strawberry (adjective)
кокте́йль – cocktail

лягти́ – to lie (down)
лежа́ти – to lie
тінь – shadow
чере́шня – cherry tree
па́хло – it smelled (from «па́хнути»)
соло́дкий – sweet

Я ВАМ ПОКАЖУ, ДЕ РАКИ ЗИМУЮТЬ!...

повітря – air
головний – main
краса – beauty
копати – to dig
знайти – to find
зразок – example
міцний – strong
м'яз – muscle
засмаглий – tanned
спина – back
широкі плечі – wide shoulders
звертати увагу – to pay attention
біцепс – biceps
трицепс – triceps
прес – abs
справді – really
милуватися – to feast one's eyes
руки в боки – hands on one's heaps
суворий – strict
Я тобі дам Іспанію! – I'll give you Spain! (it means that I'm furious that you mention Spain)
готово – ready, done
еге ж – yeah
якщо ..., то ... – if ..., then ...
винести – to take away
полуниця – strawberry
полити – to water
скривитися –to screw up one's face, to frown
Покажу, де раки зимують! – I'll make it hot for you! (literally: I'll show you where the crayfish spends winter) (idiom)

ЗНАЙДІТЬ ПАРИ АНТОНІМІВ
Зверніть увагу на частини мови!

1. Працювати
2. Тінь
3. Чудовий
4. Солодкий
5. Головний
6. Спека
7. Міцний
8. Засмаглий
9. Чорний
10. Широкий

А Жахливий
Б Блідий
В Білий
Г Вузький
Д Гіркий
Е Другорядний, неважливий
Є Світло
Ж Відпочивати
З Холод
И Слабкий

РОЗДІЛ 14

ТАЄМНА ОПЕРАЦІЯ

Коли йшлося про роботу, бабуся була дуже сувора. Та все-таки яка жінка не хоче потішити гостей? Саме тому пані Галя вирішила приготувати вареники з вишнями. А вареники – це смакота! Хто куштував, той знає. Бабуся працювала надворі, за дерев'яним столом під вишнею. Жінка не знала, що на тій вишні сидить Беатріс, сповнена бажання помсти.

Бабуся зробила кілька вареників.

«Я... не... зда-а-амся без бою!» – раптом заспівав телефон.

— Алло! Ой, це ти, Катрусю... Зараз, люба... Та все добре, – говорила вона. – До нас молоді люди приїхали. Та дівчина така гарна, що я собі думаю, чи Петро раптом не...

Бабуся пішла в сад, і там теревенила без упину.

Беатріс вирішила не гаяти часу. Внизу вона взяла трохи чорнозему і зробила кілька вареників із «сюрпризом». У два вареники вона поклала трохи природних курячих добрив. Працювати довелося швидко. У Беатріс вийшло п'ять кривеньких вареничків.

— Ну все, бабусю... Тепер твій імідж не буде такий ідеальний.

І Беатріс задоволено потерла руки. А потім швидко побігла поливати огірки. І спостерігати за Браяном, звісно...

Раптом він подивився на неї та усміхнувся. То була справжня американська усмішка.

— Давай, може, я, – сказав він. Його біцепси були вже в Беатріс під носом... Хоча він її конкурент, але до біса привабливий!

— Ні, дякую, я сама, – сказала Беатріс і заховала за вухо пасмо чорного волосся.

БЕАТРІС,
СПОВНЕНА БАЖАННЯ
ПОМСТИ
ДЕРЕВ'ЯНИЙ
СТІЛ
ПЕРШІ
КОМАРІ
Я НЕ ЗДАМСЯ
БЕЗ БОЮ!
ВИШНЯ
ВИШНІ
ЦЕ БУДУТЬ
ВАРЕНИКИ

«Він не безнадійний, – подумала дівчина. – Не дуже зручний час, щоб закохуватися. Але що робити? Погляньмо, що буде далі».

Сутеніло. У повітрі задзижчали перші комарі.

Бабуся покликала з кухні:

— Час вечеряти, дорогенькі!

таємна операція – secret (covert) operation
коли йшлося про… – when it came to…
всё-таки – nevertheless, still
потішити – to please
вареники з вишнями – «varenyky» with cherries (a traditional Ukrainian dish, kind of dumplings stuffed with cherries)
смакота – delicious food (spoken)
куштувати – to try (food)
дерев'яний – wooden
сповнена бажання помсти – full of desire for revenge
кілька – a few
Я не здамся без бою – I will not give up without fighting (from a popular song)
заспівати – to start singing
любий – sweetheart, darling

теревенити – to talk much
без упину – without stopping
гаяти час – to waste time
природні курячі добрива – natural hen manure
довелося – she had to
кривенький – irregular (about shape) (diminutive from «кривий»)
спостерігати – to observe, to watch
Давай я… – Let me…
до біса – damn
прива́бливий – attractive
заховати – to hide
безнадійний – hopeless
закохуватися – to fall in love
зручний час – convenient time
задзижчати – to start buzzing
комар – mosquito
сутеніти – to grow dusky
покликати – to call

ІМЕННИК + ПРИКМЕТНИК

Щоб вам не було дуже просто, всі слова в другій колонці – в однині, чоловічий рід. Знайдіть пари. Які закінчення мають бути у словах другій колонці?

Наприклад: секретарка була оптимістичнА

1. Бабуся
2. Беатріс
3. Люди
4. Дівчина
5. Варенички
6. Імідж
7. Посмішка
8. Комарі

А Американський
Б Перший
В Суворий
Г Гарний
Д Неідеальний
Е Молодий
Є Кривенький
Ж Сповнений бажання помсти

РОЗДІЛ 15

КХЕ-КХЕ

Дід і Мирось були тут як тут. Прийшов Браян, Беатріс помила руки й теж сіла за стіл. Вона чекала, що баба Галя заплатить за всі незручні моменти й руйнування планів.

Дівчина частіше помічала, що Браян пропалює її поглядом. Ох, які ж чорні очі! Може, повернутися так? Чи так? Чи так? Чи отак?

— Вареники з вишнями! – зрадів Мирось. – Смакота! – і почав намінати.

— Ага, – дід теж приєднався до вечері.

— Це наша улюблена страва, – пояснила бабуся. – Беріть, гості дорогенькі, – і вона поклала вареників і Браянові, і Беатріс.

Тут дівчина помітила, що кривенький вареник лежить на тарілці у Браяна. Той почав їсти...

Раптом обличчя Браяна стало зеленим, потім синім, потім сірим. Він ковтнув. «Ну все, бабусю, час розплати настав!» – подумала Беатріс. А пані Галя тим часом поклала ще один кривенький вареник у тарілку Браяна.

– Ні, дякую, кхе-кхе... – сказав він. – Я щось це... не дуже голодний.

– Ну як же так? – говорила знову бабуся. – Це Беатріс допомагала. Я на хвилиночку відійшла по телефону поговорити, а вона тут як тут! Допомогла мені. Це все вона. Гарна господиня буде, правда? – підморгнула бабуся.

Беатріс сиділа червона мов рак. Треба з цим щось робити.

кхе-кхе – sound made while coughing
тут як тут – already there
заплати́ти за – to pay for
руйнува́ння – destroying
поміча́ти – to notice (imperfective)
пропа́лювати по́глядом – to stare (literally: to burn someone with your eyes)
приєдна́тися – to join
бра́ти – to take

помі́тити – to notice (perfective)
трі́лка – plate
голо́дний – hungry
Ну як же так? – How come?
відійти́ на хвили́ночку – walk away for a minute
господи́ня – hostess, woman taking care of household
підморгну́ти – to wink
мов – same as «як»

❓ ОБЕРІТЬ ПРАВИЛЬНУ ВІДПОВІДЬ.

1. Чого чекала Беатріс від вечері?
   - **А** Приємної розмови
   - **Б** Смачної їжі
   - **В** Помсти

2. Чому обличчя Браяна стало зеленим?
- **А** Він їв вареник з землею
- **Б** Він почув дивний анекдот
- **В** Він сердився

3. Як ви думаєте, чому бабуся розповіла, що криві вареники робила Тріс?
- **А** Бо думала, що Тріс насправді допомагає
- **Б** Бо ці вареники були дуже смачні
- **В** Бо зрозуміла її план

РОЗДІЛ 16

ВІДВЕРТА РОЗМОВА

Увечері Мирось зайшов до Беатріс у кімнату.

— Що це ти робиш? — запитав він.

— Збираю речі. Завтра вранці мене тут не буде! Треба було ще сьогодні поїхати.

— Це через ті вареники? Що ти туди поклала?

— Лайно, — зітхнула вона. — Ну, трошки. І землю. Розумієш, я тут допомагаю, тяжко працюю, а вони... Навіть сієсти не дозволяють!

— Розумію, — сказав Мирось. — Але ж ти хочеш отримати стипендію і виграти конкурс?

— Хочу!

— Тоді ти не можеш просто так поїхати додому!

— Але що, що мені робити?! — майже плакала Беатріс. — Я ж нічого не можу! Не можу виграти ці чортові змагання! Він такий сильний, такий спортивний, цей Браян. У мене немає шансів!

— Є, – сказав малий. – Просто ми користувалися не тією зброєю. Тобто не тими інструментами. Я думаю, тобі пора використати свій природний потенціал.

— Який це?

— Ну, по-перше...

І малий дістав блокнот, щоб записати свої пропозиції на завтра.

відве́ртий – frank
че́рез варе́ники – because of varenyky
лайно́ – shit
дозволя́ти – to allow
пла́кати – to cry
чо́ртові змага́ння – goddamn competition
У ме́не нема́є ша́нсів! – I have no chance!
збро́я – weapon
інструме́нт – instrument
пора́ ви́користати – it's time to use
пропози́ція – suggestion

НАВЕДІТЬ ЛАД!

Тут – фрази Беатріс. Вони трохи дивні. Виділені слова в них переплутані. Що насправді могла сказати Беатріс? Наведіть лад у цих реченнях!

❶ Я поклала у вареники **сієсту.**

❷ Мені треба виграти **пропозиції на завтра.**

❸ Час використати **стипендію.**

❹ Ти пишеш у блокноті **змагання**?

❺ Я хочу отримати **природний потенціал.**

❻ Дід Петро та бабуся Галя не дозволяють **землю.**

РОЗДІЛ 17

НОВИЙ РАНОК – НОВИЙ ШАНС

Півень Гаврило кукурікав із великим натхненням. Починався новий ранок, новий день, і дарував Беатріс новий шанс перемогти над конкурентом.

Сьогодні вона розпустила своє довге чорне волосся й одягла червону літню сукню, яка підкреслювала її фігуру. Також вона взяла з собою селфі-палицю.

Усі стали на лінію старту.

— Доброго ранку! — сказав дід. — Ми зібралися тут для нового змагання. Зичимо успіхів нашим дороженьким гостям. Передаю слово бабі Галі.

Бабуся вийшла вперед.

— Змагання буде тривати десять хвилин. Треба зібрати огірки й віднести їх туди, у сад. Браянові даємо синє відро, Беатріс — зелене. Ми будемо огірки мити, а потім їх закривати. Хто зможе зібрати більше огірків, той виграв. Час пішов!

Дід Петро знову свиснув у свій свисток.

Браян, звісно, побіг до огірків. Беатріс сьогодні не поспішала. Вона відірвала один, другий огірочок... Потім поклала їх у відро й почала фотографуватися.

— Це для інстаграму, — пояснила вона й простягла селфі-палицю. — Покажу своїм підписникам, яке життя в українському селі. Я все одно не виграю, тому... — і вона змінила позу на ще більш спокусливу.

Беатріс робила різні зачіски й по-різному крутилася. І все це — перед Браяном. Хлопець намагався зосередитись на огірках, але це було важко. Він кожну секунду поглядав на Беатріс і пропускав навіть дуже великі огірки.

Беатріс раптом зітхнула.

ЯК ІНОЗЕМЦІ КОЗАКА РЯТУВАЛИ

— Я на хвили́нку, — мовила вона й пішла у двір.
Там на Тріс уже чекав Мирось. Він тримав у руках ніж і велику цибулину.

натхне́ння – inspiration
дарува́ти – to give (a gift)
перемогти́ – to win
розпусти́ти воло́сся – to let one's hair down
підкре́слювати фігу́ру – to accentuate figure
се́лфі-па́лиця – selfie-stick
зи́чити у́спіхів – to wish good luck
передава́ти сло́во – to turn the floor over to somebody
трива́ти – to last
закрива́ти огірки́ – to can cucumbers

поспіша́ти – to hurry
відірва́ти – to pull off
огіро́чок – little cucumber (diminutive from «огіро́к»)
підпи́сник – follower
по́за – pose
споку́сливий – tempting
намага́тися – to try
зосере́дитися на… – to concentrate on…
погляда́ти – to look
пропуска́ти – to miss
двір – yard
ніж – knife
цибули́на – onion

ШТАНИ ЧИ СПІДНИЦЯ?

Хто у що одягнений? Який одяг ви вже знаєте?
Що вдягала бабуся? Дідусь? Браян? Беатріс? Мирослав? Використовуйте слова:

1. футболка
2. штани
3. спідниця
4. мініспідниця
5. сукня
6. хустка
7. піжама
8. фартух
9. черевики на підборах

РОЗДІЛ 18

БУДЕМО ЗАКРИВАТИ ОГІРОЧКИ

— Швидше! — гукнула Беатріс.

— Зараз! — Мирось розрізав цибулину й підніс Беатріс під носа. Вона почала плакати.

— Думаю, ти готова, — кивнув Мирось. — Він уже йде.

Браян саме йшов у двір. З собою в нього було повне відро огірків. Беатріс сиділа біля погреба й плакала.

— Що... що таке? Що сталося? — спитав хлопець.

— Ох, краще не казати... Це така дурниця...

— Будь ласка, скажи, що таке? Чому це ти плачеш? — сказав Браян.

— Ну... Розумієш... Я вчора несла в погріб капусту квашену і загубила там золоту сережку. Бачиш, тепер у мене тільки одна. А ці сережки подарувала моя бабуся. Як я тепер повернуся додому, в Іспанію? Я вже шукала сережку, але там так темно, так страшно...

— Не плач, я піду пошукаю! — рішуче сказав Браян і пішов вниз у льох.

Мирось тихо зачинив двері.

— Що таке?!! Де тут увімкнути світло? Гей! — кричав Браян, але ніхто не відповідав.

Беатріс пересипала майже всі огірки в зелене відро. А коли вона закінчила, прийшли бабуся з дідом.

— О, відро Беатріс повне!

— А це — відро Браяна... Два нещасні огірочки.

— Тоді все ясно. Перемогла Беатріс! Сьогодні вона робить досліди, а Браян допомагає по господарству. До речі, де він?

Замість відповіді з погреба почулося: «Бу-бу! Бу-бу-бу!!!»

— О! Молодець! – сказала бабуся. – Розумний хлопець, вже і в погріб сам заліз. Правильно-правильно, візьми там часнику та хрону. Будемо закривати огірочки!

шви́дше – faster
розріза́ти – to cut
піднести́ до но́са – to raise something to one's nose
по́гріб – cellar
ква́шена капу́ста – sour cabbage
загуби́ти – to lose
золота́ сере́жка – golden earring
поверну́тися – to come back
те́мно – dark

стра́шно – scary
ріщу́че – resolutely
льох – cellar
переси́пати – to pour
два неща́сні огіро́чки – two little (literally: unhappy) cucumbers
почу́тися – to be heard
молоде́ць – well done, good job
хрін – horseradish

ЗАГУБИТИ, ШУКАТИ, ЗНАЙТИ

Загубити – to lose
Шукати – to look for
Знайти – to find (доконаний вид); я знайшов, знайшла – I found

Вставте одне з цих слів у текст. Поставте слово у потрібну форму в минулому часі.

– Де мій фітнес-браслет? Я його 1) _____!
– А ти 2) _____ в бібліотеці?
– Ні… Я його не брала в бібліотеку…
– А куди брала? У спортзал брала?
– Так… Чекай… Дзвонить мій тренер… О, він його 3) _____ _____!

Фітнес-браслет, фітнес-трекер – activity tracker

РОЗДІЛ 19

СТО ТИСЯЧ ПЕРЕГЛЯДІВ

Цілий день Браян консервував огірки, а Беатріс робила свої досліди українського чорнозему... Настав вечір. Вона лягла в гамак і взяла свій телефон. Раптом чорні очі Беатріс стали круглими, а брови піднялися на чоло.

Вона мала сто тисяч переглядів в інстаграмі. Сповіщення приходили й приходили. Ціла купа лайків, коментарів... Що там таке популярне? Вона запостила тільки одне фото... Беатріс відкрила свою сторінку. Що це? Та ви жартуєте!

Там було відео, яке вона не викладала. Беатріс клацнула на нього... На екрані з'явилася баба Галя. Вона тримала селфі-палицю і дивилася в камеру своїми блакитними очима.

— Одарко, ану йди сюди! Дивися, що у мене є! — гукнула вона.

Через хвилину з'явилося обличчя сусідки, яка крутилася туди-сюди в новій червоній хустці. Відео вже мало сотні переглядів і такі коментарі: «О, це твої нові друзі? Де це ти? Ці жінки викрали нашу Беатріс, ха-ха-ха!» І так далі...

Наступне відео було довше. Перед камерою мінялися всі сусідки з вулиці. Тут була Одарка — вона вже підвела очі й губи. Потім прийшла Орися в блакитній хустці й сукні ніжно-синього кольору. Орисю виштовхала з кадру баба Женя, стала руки в боки і сердито подивилася в камеру.

— Оце воно? — спитала баба Женя.

А потім, мабуть, вона побачила себе в телефоні. Її обличчя швидко змінилося, і баба Женя почала манірно посміхатися.

Вона мала карі очі, а на обличчі — багато веснянок. Баба Женя завжди була повна життя. Одяг вона теж вибирала яскравий: сьогодні, наприклад, одягла рожеву футболку, салатову спідницю та білі кросівки. «Дуже модні кольори...» – думала собі Беатріс.

— Ми – суперсело Вишеньки! Ми не пропадем! – сказала баба Женя.

— Найкраще село на Черкащині! – гукнула Орися.

— Тут живуть найсильніші жінки України! – додала баба Галя і показала біцепс.

Переглядів було аж сто тисяч – смайли, очі-зірочки, стікери з вогнем...

— Це реально круто! – писали під відео.

— Нарешті ексклюзив у нудному інстаграмі!

— Досить селфі, Беатріс! Більше екзотичних жінок!

«Ах ви ж... – скривилася Беатріс і сіла в гамаку. – Тут стараєшся, працюєш, а вони раз – і... Викрали мій телефон із селфі-палицею! А ще тепер мої підписники хочуть бачити не мене, а цих бабусь із села! Ну, я вам влаштую...» – подумала дівчина й промугикала: «Я не здамся без бою!»

консервува́ти – to can
кру́глий – round
чоло́ – forehead
пере́гляд – view
сповіщення – notification
лайк – like
комента́р – comment
запо́стити – to post
Та ви жарту́єте! – You must be joking!
жартува́ти – to joke
виклада́ти – to post (imperfective)
ви́класти – to post (perfective)
туди́-сюди́ – back and forth
ви́красти – to kidnap

до́вший – longer (comparative of **«до́вгий»**)
підвести́ о́чі – to put some make-up on one's eyes
ні́жний – subtle, delicate
ви́штовхати – to push out
серди́то – angrily
мані́рно – affectedly
сала́товий – light-green
Ми не пропаде́м! – We don't give up!
найкра́щий – the best (superlative of **«до́брий»**)
найсильні́ший – the strongest (superlative of **«си́льний»**)

Черка́щина – the Cherkasy region (region in Ukraine)
смайл – smile
сті́кер – sticker
вого́нь – fire

ексклюзи́в – exclusive
нудни́й – boring
екзоти́чний – exotic
ви́красти – to steal
промугі́кати – to hum

ЩО СТАЛОСЯ СПОЧАТКУ, ПОТІМ?

Поставте частини історії в правильну послідовність (не в історії, а в часі!). Поставте цифри 1-6.

А Беатріс лягла в гамак. ☐
Б Беатріс вирішила помститися. ☐
В Дарина зробила макіяж. ☐
Г Дарина прийшла до бабусі. ☐
Д Прийшла баба Женя. ☐
Е Бабуся взяла селфі-палицю. ☐

РОЗДІЛ 20

ЗНОВУ БІЙ

Беатріс – дуже розумна дівчина. Навіть трохи хитра. І сильна духом. Її бабуся – водій автобуса, тому Беатріс знає дещо про техніку. Наприклад, вона знає, що вай-фай не працює, коли не працює роутер. А не працює він, коли біля його антени є великий металевий предмет.

Роутер був у діда Петра й баби Галі на хаті. Так вони ділилися wi-fi з Одаркою. Беатріс вилізла туди по драбині, і не з порожні-

МЕТАЛ
РОУТЕР
АНТЕНА
ВЕЛИЧЕЗНА ЛОПАТА
ВОНО ЗАВИСЛО!
ХТО ЗЛОЧИНЕЦЬ?
ШИПШИНОВИЙ ЧАЙ
ЗЛОЧИНЕЦЬ – ЦЕ...

ми руками: вона взяла свою найбільшу лопату для дослідження ґрунту.

Беатріс дочекалася шостої години вечора. Рівно о шостій усі жінки вулиці збиралися у баби Галі, щоб подивитися серіал «Менталіст». Вони просто обожнювали цей серіал. Там один дуже розумний і гарний чоловік допомагав жінці-детективу розслідувати злочини. Звичайно, вони були закохані одне в одного, але боялись освідчитись.

Вишеньки – сучасне село. І телебачення жінки дивилися через інтернет. Вони знайшли потрібний канал... Поки йшла реклама, сусідки сіли хто куди і налили собі по чашці какао. Галина пропонувала випити чогось міцнішого, але баба Женя відповіла:

— Якщо нарешті Патрік у цій серії скаже Терезі, що він її кохає, тоді відкоркуємо пляшку домашнього вина. А так – тільки какао або шипшиновий чай.

— Ну, гаразд.

На даху Беатріс чула кожне слово серіалу. Вона дала бабусям подивитися його до середини, а потім... Патрік саме збирався розказати, хто злочинець.

— Я давно знав! – сказав головний герой. – Злочинець – це...

Раптом картинка застигла й розпалася на пікселі. Звук повністю пропав. Комп'ютер завис.

бій – battle
хи́трий – cunning, sly
си́льний ду́хом – strong in spirit
те́хніка – technology
ро́утер – router
анте́на – antenna
метале́вий – metal
ділитися – to share
не з поро́жніми рука́ми – to come bearing gifts
лопа́та – shovel
найбі́льший – the biggest (superlative of «вели́кий»)
дочека́тися – to wait until
обо́жнювати – to adore
розслі́дувати – to investigate
зло́чин – crime
зако́хані одне́ в о́дного – in love with one another
освідчитися – to confess one's love
по́ки йшла́ рекла́ма – while the advertising was on

суча́сний – modern
сі́ли хто куди́ – they sat down wherever they could
щось міцні́ше – something stronger
у цій се́рії – in this episode
сказа́ти – to tell
відкоркува́ти – to uncork
дома́шнє вино́ – homemade wine
пля́шка – bottle
шипши́новий чай – dog-rose tea

середи́на – middle
розказа́ти – to tell
злочи́нець – criminal
карти́нка – picture
засти́гнути – to freeze
розпа́стися на пі́кселі – to break into pixels
по́вністю – completely, entirely
пропада́ти – to disappear
зависа́ти – to freeze (about computer)

СПОЛУЧНЕ СЛОВО

А тепер вставте сполучне слово! Одне з цих:

якщо, тоді, тому, хто, але, коли (2), який

Бабуся Тріс – водій автобуса, 1) _____ дівчина знає дещо про техніку.

Wi-fi не працює, 2) _____ не працює антена. Антена не працює, 3) _____ біля неї є великий металевий предмет.

В серіалі був гарний та розумний чоловік, 4) _____ допомагав розслідувати злочини.

Жінка й чоловік дуже кохали одне одного, 5) _____ сказати про це боялися.

Патрік саме дізнався, 6) _____ злочинець.

7) _____ Патрік у цій серії скаже Терезі, що він її кохає, 8) _____відкоркуємо пляшку домашнього вина.

РОЗДІЛ 21

КОЛИ ЗАВИСАЄ КОМП'ЮТЕР

— Хто? Хто злочинець? — питала баба Маруся. — Ну скажіть мені! Ви ж знаєте, що я недочуваю!

— Марусю, ніхто не знає! Воно зависло! — гукнула сердито баба Галя і стукнула комп'ютер.

На диво серіал почався знову.

— Я дізнався про це, тому що... — говорив Патрік.

І комп'ютер знову завис.

— Як, як він дізнався?! — перепитувала глухувата бабця.

— Не знаємо! Знову зависло!

Так повторилося ще кілька разів. Діди, які сиділи на лавочці й грали в карти, почули крики.

— Що це твоя Галя сердиться? — запитав дід Іван.

— Не знаю, а твоя Женя чому кричить?

— Чуєте? Що це там таке робиться?

— Може, станемо під вікно і послухаємо? — запропонував дід Степан.

Вони тихенько підійшли під вікно. Беатріс у цей час сиділа на даху і слухала серіал. Там саме Патрік побіг у літак, де сиділа Тереза. Літак мав от-от полетіти.

— Терезо! Терезо! Я так давно хотів тобі сказати, що...

На цих словах Беатріс підняла лопату й поставила перед роутером.

— Та що за чорт! — загукали бабусі.

— Хе-хе, он воно що, — засміялися діди.

— А подивися, Марусю, хто там сміється під вікном... — сказала баба Галя. Вона дуже добре все помічала.

— А це наші діди, взяла б вас лиха година! Що ви тут робите? Це ви нам тут усе зіпсували? Зараз ми вам покажемо!..

Над Вишеньками заходило жовтогаряче сонце. А на тлі оранжевого неба видно було чорні постаті дідів. Вони тікали за село аж гай шумів. А за ними бігли жінки Вишеньок: хто з віником, хто з мітлою, а баба Женя – з мухобійкою.

недочува́ти – to hear badly
на ди́во – surprisingly
ла́вочка – bench
гра́ти в ка́рти – play cards
серди́тися – to be angry at
Що це там таке́ ро́биться? – What is happening there?
запропонува́ти – to offer, to propose
Літа́к мав от-от полеті́ти. – The plane was just about to fly.
Та що за чорт! – What the hell!
он воно́ що – that's what it is
подиви́тися – to look

Взяла́ б вас лиха́ годи́на! – Damn you!
зіпсува́ти – to spoil
захо́дило со́нце – it was a sunset
жовтогаря́чий – orange
на тлі не́ба – against the sky
по́стать – figure
тіка́ти – to run away
аж гай шумі́в – very fast (literally: the grove started rustling) (idiom)
ві́ник – broom
мітла́ – big broom
мухобі́йка – fly swatter

ОБЕРІТЬ ПРАВИЛЬНУ ВІДПОВІДЬ:

1. Хто був злочинцем?
   А Патрік із серіалу
   Б Ніхто не знає
   В Беатріс

2. Чого найбільше чекали бабусі в серіалі?
   А Нових пригод
   Б Освідчення в коханні
   В Дізнатися, хто злочинець

3. Чому бабусі сердилися на дідусів?
   - Ⓐ Бо вони думали, що дідусі зіпсували серіал
   - Ⓑ Бо комп'ютер завис
   - Ⓥ Бо дідусі пили вино й не хотіли працювати

РОЗДІЛ 22

ДИСКОТЕКА

— У вас тут усі тільки працюють і працюють, — сумно сказала Тріс одного дня. — Нема розваг!

— Як це? Чому нема? — відповів на те Мирослав. — У нас у селі є дискотека! Щовечора!

— О, це вже цікавіше, — зраділа Беатріс. — Браяне, ти чуєш? Тут є дискотека! Ходімо?

Браян не був у захваті від цієї ідеї, але чого не зробиш для дівчини...

— Сам я туди не ходжу, — сказав Мирослав. — Але вам обом треба піти! Обов'язково!

«Чому це треба? Та ще й обов'язково? Що це малий так переймається?» — почухав потилицю Браян. Проте підкорився.

Настав вечір. Беатріс одягла свою улюблену червону сукню. У ній вона була просто чарівна. Браян очей не міг відвести. Усі втрьох вони подалися на дискотеку. Малий показував дорогу.

«Бам-бам-бам!» — почули вони ще здалеку. Ці звуки лунали з великого старого будинку. На дверях був напис: «Клуб села Вишеньки, Чигиринський район, Черкаська область». А всередині...

Ох, там так стукало і грюкало, що говорити було неможливо, та й танцювати теж...

— Оце і є твоя дискотека? — скривився Браян.

Тріс тим часом затулила вуха руками:

— Я люблю українську музику, але це... Це щось жахливе...

— Це називається попса. Ну, популярна музика, — пояснив Мирослав.

— Ой, не хочу я попси. Я хочу ту пісню «Я не здамся без бою». Хто тут діджей?

Ним виявився неголений чоловік у темних окулярах і спортивних штанах.

— Добрий вечір!!! — Беатріс хотіла перекричати музику. — А ви можете поставити іншу пісню?!

— Чого це? Мені ця подобається, — відповів діджей.

— А мені не подобається!!! — сказала Беатріс. — Поставте якийсь нормальний гурт!

— Це і є нормальна музика! Нормальна! — сказав чоловік. Він їй не дуже подобався.

— Вона далеко не нормальна! Я йду додому, — мовила дівчина і вже повернулася, як раптом діджей загукав:

— Чекай-чекай! Ти так говориш... Дивно! А ти звідки?

— Я з Іспанії!

— Ага, іноземка, значить... А де ти працюєш?

— Я не працюю, я навчаюся!

— Студентка, значить. Яка в тебе стипендія?

— Нормальна!

— Нормальна, значить. Хочеш пива, красуне? Я пригощаю... А потім ти даси мені свою банківську картку, а я тобі свою! Обміняємося пін-кодами?

— Телефонами?

— Ні-ні, пін-кодами! Я Валік, а он мій друг Толік. Ну давай, на ламайся. Давай мені свою картку і пін-код — це така українська традиція...

— А традиція індіанців оджибва — багато не балакати! — втрутився Браян, взяв Тріс за руку та повів надвір. Мирось вийшов за ними.

дискоте́ка – disco
су́мно – sadly
розва́га – amusement
щове́чора – every evening
ціка́віше – more interesting (comparative of «ціка́во»)
бу́ти в за́хваті від іде́ї – to be thrilled with the idea
чого́ не зро́биш для ді́вчини – what won't you do for a girl
обов'язко́во – for sure
перейма́тися – to care
почу́хати поти́лицю – to scratch one's head
підкори́тися – to obey
чарівни́й – charming
не могти́ відвести́ оче́й – can't take one's eyes off
зда́леку – from afar
луна́ти – to be heard
клуб – club

сту́кати – to bang, to hit
грю́кати – to bang
неможли́во – impossible
затули́ти ву́ха – to close one's ears
жахли́вий – terrible
діджей – DJ
неголений – unshaven
перекрича́ти – to scream over
поста́вити пісню – to put a song
гурт – music band
загука́ти – he started shouting
пи́во – beer
Я пригоща́ю. – My treat.
ба́нківська ка́ртка – credit card
обміня́тися – to exchange
бала́кати – to chat
повести́ – to bring

«ЩОВЕЧОРА» – ЩО ЦЕ ЗА СЛОВО?

Що + вечора (родовий відмінок) = щовечора – every evening

Щосереди – every Wednesday
Щомісяця – every month
Щороку – every year

Утворіть слова за зразком:

1. раз   – _____
2. неділя   – _____
3. година   – _____
4. вівторок – _____
5. хвилина – _____
6. тиждень – _____

РОЗДІЛ 23

СТРАШНИЙ ПРИВИД ВИШЕНЬОК

Друзі йшли додому в сумному настрої. Дискотека не вдалася. Було темно. І трохи страшно. Аж раптом щось у кущах зашелестіло.

— Хто тут?! — крикнув Браян. Він вже приготувався тікати.

— Тс-с-с, — відповів Мирось. — Це пан Вишенський... І його старий віслюк...

— Який ще пан? І який віслюк? — не зрозуміла Тріс.

— Тихо... Якщо він почує, що ти про нього не знаєш, то...

— Чому це я про нього маю знати? А він тут такий великий авторитет чи що?

— Можна й так сказати...

— Голова села?

— Не зовсім... Він – привид.

Браян почав озиратися.

— Слухайте... — почав Мирослав. — Колись у нашому селі жив пан Вишенський. Багатий був – страшне! А щоб його гроші ніхто не вкрав, він заховав їх у хліву. Там тоді жив старий віслюк. Одного разу прийшов у Вишеньки сліпий дідок і сказав: «Люди добрі, допоможіть старому! У мене нічого немає». Люди йому принесли, хто що міг: хтось – їжу, хтось – одяг... Тільки пан Вишенський нічого не дав. А ввечері дідок постукав до нього у двері: «Можна у вас переночувати?» Пан подумав і послав діда спати в хлів, до віслюка. «Гроші там добре заховані, – думав багатій, – а дідок сліпий, то нічого не помітить». Дід пішов спати в хлів. А вранці пан Вишенський знову побачив його біля дверей. «Я все знаю про твої скарби! – сказав дідок. – Ти злий і жадібний! Нікому не допомагаєш! А я, щоб ти знав, чаклун. І ось тобі моє покарання: від сьогодні ти будеш зі своїм віслюком селом блукати. І не знатиме душа твоя спочинку!»

ЯК ІНОЗЕМЦІ КОЗАКА РЯТУВАЛИ

Друзі притихли.

— А золото де ділося? — спитав Браян.

— Роздали, кому треба було.

— А пан Вишенський? Що з ним сталося?

— Він погано закінчив. Перетворився на привида. Їздить тепер на віслюкові ночами, дивиться на село. Тільки характер його не змінився. Пан Вишенський злий на весь світ і особливо на тих, хто у Вишеньках живе. Мовляв, забрали його багатство. Їздить він тільки вночі, а як когось зустріне, відразу хоче помститися. Когось у ставок кине, когось у ліс заведе, когось у город до тітки Тетяни. А вона такої прочуханки дасть! З деким і на шаблях битися може. Тільки де в тих сучасних людей шаблі? Сапа максимум та й годі. Так що цей пан Вишенський — дуже небезпечний.

Щось у кущах зашелестіло вже втретє, і Браян підстрибнув. Беатріс тихо засміялася.

— Ти що, віриш у привида? Розслабся!

Було темно. Ніхто не бачив, як Браян став червоний, ніби помідор. А з кущів вибігло маленьке чорне кошеня.

Хоча насправді остерігатися було чого. Не кошеняти треба було боятися і не привида. За тими кущами сидів дехто інший.

при́вид — ghost
на́стрій — mood
вда́тися — to be successful, to succeed
зашелесті́ти — to start rustling
віслю́к — donkey
старови́нний — old, ancient
авторите́т — authority
голова́ села́ — village head
озира́тися — to look around
Бага́тий був — стра́шне́! — He was terribly rich.
вкра́сти — to steal

захова́ти — to hide
хлів — barn
сліпи́й — blind
дідо́к — old man (diminutive from «дід»)
переночува́ти — to spend the night
захо́ваний — hidden
скарб — treasure
жа́дібний — greedy
чаклу́н — magician
покара́ння — punishment
блука́ти — to roam

І не зна́тиме душа́ твоя́ спо-чи́нку. – And your soul will never know peace.
А зо́лото де ді́лося? – Where did the gold disappear?
розда́ти – to give (to different people)
пога́но закінчи́в – to come to a bad end
мовля́в – they say
бага́тство – fortune
помсти́тися – to take revenge
відра́зу – immediately, straight away

ставо́к – pond (diminutive from **«став»**)
ки́нути – to throw
завести́ – to take, to bring
да́ти прочуха́нки – to make it hot for somebody (idiom)
би́тися на ша́блях – to fight with sabres
небезпе́чний – dangerous
втре́тє – for the third time
розсла́битися – to relax
остеріга́тися – to beware
кущ – bush
де́хто і́нший – someone else

ХТО ЩО СКАЗАВ?

Кому належать ці фрази? Беатріс, Браянові чи Мирославу?

❶ «Хто тут?!!» _____
❷ «Люди добрі, допоможете старому?» _____
❸ «Це пан Вишенський». _____
❹ «Ти що, віриш у привида? Розслабся!» _____
❺ «А золото де ділося?» _____
❻ «Ти злий і жадібний!» _____

ЗНАЙДІТЬ АНТОНІМИ

❶ Страшний
❷ Сумний
❸ Темний
❹ Тихий
❺ Мертвий
❻ Старий
❼ Старовинний
❽ Жадібний

Ⓐ Сучасний
Ⓑ Голосний
Ⓒ Молодий
Ⓓ Світлий
Ⓔ Веселий
Ⓕ Щедрий
Ⓖ Живий
Ⓗ Нестрашний

РОЗДІЛ 24

НА РИБОЛОВЛІ

Наступного дня, у неділю, Браян і Мирослав пішли на річку ловити рибу.

Вони сиділи на траві й говорили. Браян був дуже сумний...

— Ох, — зітхнув він. — Як важко на світі жити!

— Чому важко? — запитав Мирось.

— Важко мені на серці. Беатріс така гарна, така розумна... А я? Що я за чоловік? Вчора злякався кошеняти. І твоя казка... Ти ж це вигадав?

— Ну, це вигадав не я, але... — почав Мирось.

— Бачиш! Вона тепер думає, що я боягуз. А це дуже-дуже погано.

— А ти хочеш їй сподобатися?

— Так... — зітхнув Браян. — Але це неможливо. Я більше ніколи не буду подобатися Тріс. Поїду краще додому. Прямо завтра поїду! Піду на автобус, потім на літак і...

— Стоп! Ти робиш з мухи слона. Це не така велика проблема, — сказав хлопчик. — Зробимо так: ти її врятуєш.

— Врятую? Від кого?? — здивувався Браян.

— Наприклад, від привида! Слухай, що я придумав...

риболовля — fishing
ловити рибу — to fish
важко на серці — to be sick at heart
Що я за чоловік? — What kind of man am I?
злякатися — to get scared
казка — fairy tale

вигадати — to make up
боягуз — coward
робити з мухи слона — to make a mountain out of a molehill (literally: to make an elephant out of a fly) (idiom)
врятувати — to rescue
придумати — to make up

❓ КОГО МОЖНА ЗЛЯКАТИСЯ?

Зверніть увагу:
Злякатися кого? чого? (родовий відмінок)
Браян злякався кошеняти.
Поставте іменник у потрібну форму:
① Водолаз злякався великого _____ (краб).
② Я злякався його _____ (голос).
③ Ми злякалися _____ (дощ) і не пішли на пікнік.
④ Я думаю, він злякався серйозних _____ (стосунки).
⑤ Звичайно, я злякалася _____ (привид)!

РОЗДІЛ 25

ТИМ ЧАСОМ

Беатріс тим часом говорила з сусідкою. Баба Маруся була старенька і глухувата, але дуже розумна. Вона знала багато всього корисного. Наприклад, баба Маруся знала, як причарувати хлопця.

— Ох, бабо Марусю, скоро Браян поїде назад у Штати.
— Що він буде латати?
— У Штати! Поїде назад у Мічиган.
— Та ні, він не хуліган! Дуже гарний хлопець, студент, і Галі допомагає...
— Ну і я кажу, гарний... Але він мене не кохає. Що робити? Як ви думаєте, зробити магічний приворот – це жорстоко?
— Дати в око? А за що?

— Як причарувати коханого?!! — закричала Беатріс у вухо бабі Марусі.
— Поганого?
— Коханого!!!
— А, коханого. Це я знаю. Слухай, дочко. Треба піти в сад опівночі, — тихо пояснювала вона. — І рівно опівночі буде бемкати дзвін на церкві. Ясно?
— Ясно... — Беатріс записувала все в блокнот.
— Потім треба зібрати трави та квіти.
— Які саме?
— Які хочеш! Головне одягти довгу білу сорочку і йти босоніж. А там тричі проказати старовинне українське заклинання:

>Квіти гарні у траві,
>Я у тебе в голові!
>У садочку слива,
>Я дівка красива,
>
>У садочку вишня,
>Я дівчина пишна,
>На городі цибуля,
>Іншим дівкам дулі,
>
>На городі синій льон —
>Ось вібрує мій смартфон.
>Лайк постав у інстаграм,
>Будь зі мною сам на сам!
>
>Шелестить зелений гай,
>Мене швидко покохай!

— Бабо Марусю, ви впевнені, що це старовинне заклинання? — не вірила Тріс.
— Ще й як впевнена! Сто відсотків! Це ще моя прабаба так мого прадіда причарувала. Це було 89 років тому.

Тріс промовчала.

— Потім треба прийти додому і зробити чай з трав і квітів, які ти зібрала. А чай дати випити хлопцеві. На третій день подіє, побачиш! Ще подякуєш бабці!

старе́нький – old (a diminutive from «**стари́й**»)
глухува́тий – rather deaf
причарува́ти хло́пця – to put a spell on a guy
лата́ти – to patch
хуліга́н – hooligan, bully
магі́чний – magical
приворо́т – spell
жорсто́ко – cruel
да́ти в о́ко – to punch somebody in the eye
коха́ний – beloved one
бе́мкати – to ring
дзвін – bell
це́рква – church
соро́чка – shirt
босо́ніж – barefoot
заклина́ння – spell
сли́ва – plum tree

ді́вка – girl, gal
пи́шна – gorgeous
ду́ля – nothing (spoken)
льон – linen (plant)
вібрува́ти – to vibrate
поста́вити лайк – to put a like
сам на сам – alone with
гай – grove
покоха́ти – to start loving
Ще й як впе́внена! – I am absolutely sure!
праба́ба – great-grandmother
пра́дід – great-grandfather
89 ро́ків тому́ – 89 years ago
подія́ти – to work
подя́кувати – to say «thank you»
ба́бця – old lady, same as «**бабу́ся**»

ОБЕРІТЬ ПРАВИЛЬНУ ВІДПОВІДЬ.

1. Що думала баба Маруся про Браяна?
   А Що він – хуліган
   Б Що він – гарний хлопець
   В Що він – ледащо

2. Що треба було Беатріс одягнути вночі?
   - Ⓐ Червону сукню
   - Ⓑ Купальник
   - Ⓒ Довгу білу сорочку

3. Що треба було зробити в кінці?
   - Ⓐ Заварити чай з трав і квітів для коханого
   - Ⓑ Зварити борщ для коханого
   - Ⓒ Зварити каву для коханого

ВИКИНЬТЕ ЗАЙВЕ!
Викресліть слово, яке не схоже на інші за значенням:
1. Слива, вишня, цибуля, горіх, абрикоса, груша, яблуня
2. Смартфон, лайк, інстаграм, додаток, вареник, Андроїд
3. Магія, приворот, глухуватий, заклинання, причарувати

РОЗДІЛ 26

ЩО СТАЛОСЯ ВНОЧІ

Настала ніч.
— Де ти там? — прошепотів Браян.
— Я майже готовий, — тихо відповів Мирось.
Він вів у сад віслюка Аполлона. То була дуже вперта тварина. Як і його господар — дядько Остап. Аполлона знало все село.
— Ну добре. А тепер дай мені ковдру, — Мирослав простягнув руку.

UKRAINIAN LESSONS

Він сів на віслюка й загорнувся в білу ковдру.

— А ти тепер іди за хату до вікна, де квіти. Потім скажеш, що бився з паном Вишенським на шаблях. «Кров» є?

— Є, — Браян тримав пляшку кетчупу.

Браян став під вікно Беатріс і ввімкнув запис на телефоні: «У-у-у!!! Це я, пан Вишенський, я головний у цьому вашому дурному селі! Я чув, тут десь живе дівчина — чорні брови, карі очі... Не знає про мене і не вірить у мене! А я — справжній! Я — пан вашого села! Був ним і завжди буду! Заберу цю дівчину собі! Хай знає, хто я такий... Ха-ха-ха!!!»

Запис закінчився. Тоді Браян крикнув у те саме вікно:

— Я його бачу! Бачу пана Вишенського! О Боже, він вже тут! Він іде до твого вікна! На віслюку! У нього в руці сокира... Тобто шабля! Ой-ой-ой!!! Але не бійся, Тріс! Я врятую тебе! Я викличу його на дуель.

На церкві забемкав дзвін. Була північ.

У ту мить з-за дерев вийшла біла постать у довгому-довгому одязі.

— Ой-ой-ой! Привид! Справжній привид! — закричав Мирослав і впав з віслюка.

Браян так злякався, що вилив кетчуп собі на штани й футболку.

— Ой, хлопці! — вигукнула дівчина в білій сорочці. Це була Беатріс. — Що це ви тут робите? І що це за віслюк? І чому це ти в ковдрі?

— Я... я сновида! — відповів Мирось. — Я, буває... гуляю уві сні.

— І ти теж? — вона подивилася на Браяна. — А чому це ти з кетчупом?

— Ой... Мені... мені приснилося, що я вдома, в Америці, їм картоплю фрі...

— Ясно... — Беатріс уважно подивилася на хлопців і вирішила свій приворот спробувати наступного разу. — На добраніч!

— Добраніч, — похмуро відповіли хлопці.

впе́ртий – stubborn
загорну́тися в – to wrap oneself into
кров – blood
за́пис – recording
пан – master
забра́ти – to take away
О, Бо́же! – Oh God!
соки́ра – axe
боя́тися – to be scared

ви́кликати на дуе́ль – to challenge to a duel
ви́лити ке́тчуп – to pour ketchup
снови́да – sleepwalker
Мені́ присни́лося, що... – I had a dream that...
карто́пля фрі – fries, fried potatoes
ува́жно – attentively
похму́ро – gloomily

ОБЕРІТЬ ПРАВИЛЬНУ ВІДПОВІДЬ.

1. Чому Мирослав був на віслюку?
   - **А** Він грав роль привида
   - **Б** Це було весело
   - **В** Мирослав – сновида, тому не розумів, що робить

2. Що насправді хотів Браян зробити?
   - **А** Показати, що він сміливий
   - **Б** Злякати Беатріс
   - **В** Це була розвага

3. Що робила в саду Беатріс?
   - **А** Вона займалася спортом
   - **Б** Вона гуляла
   - **В** Вона збирала квіти, щоб причарувати коханого

РОЗДІЛ 27

РОЗКЛАД НА ТИЖДЕНЬ

Червень був дуже спекотний і сонячний. Баба Галя й дід Петро скасували змагання: ця практика виявилась не дуже ефективною. Тепер бабуся повісила на дерево розклад на тиждень:

> У понеділок Беатріс робить досліди, Браян допомагає по господарству. Треба зібрати огірки.
>
> У вівторок Браян робить досліди, Беатріс збирає полуниці й поливає огірки.
>
> У середу Беатріс робить досліди, Браян прибирає в хаті й допомагає Галі готувати вареники.
>
> У четвер усі разом збираємо полуниці. І робимо разом варення.
>
> У п'ятницю і Беатріс, і Браян можуть робити досліди. На вечерю готуємо тушковану картоплю та капусту.
>
> У суботу Беатріс проводить досліди, Браян пасе Ромашку.
>
> У неділю Браян проводить досліди, а Беатріс має купити бабі Марусі ліки й зібрати огірки та полуниці.
>
> Мирослав усі дні працює на городі. Мінімум 1,5 години на день! Максимум – необмежено.

Беатріс і Браян багато працювали: збирали огірки, поливали город – словом, робили все, що просили дід з бабусею.

Крім цього, вони вивчили багато нового. По-перше, чимало дізналися про українські ґрунти. По-друге, поповнили свій словниковий запас. Чогось їх навчив Мирось, ще чогось – сусіди. Сусідам вони розповідали про Америку та Іспанію. А люди у Вишеньках дуже любили побалакати!

Беатріс навіть навчилася їздити на тракторі. Вона залюбки водила маленький трактор та возила на ньому сіно. Їй це дуже подобалося. Тоді ще Беатріс не знала, що її на тому тракторі скоро спіткає халепа.

ро́зклад на ти́ждень – schedule for a week
скасува́ти – to cancel
ви́явитися – to turn out (to be), to prove (to be)
варе́ння – jam
тушко́ваний – stewed
пасти́ – to graze
лі́ки – medicine, drugs
необме́жено – unlimited

сло́вом – in a word
чима́ло – a lot
попо́внити словнико́вий запа́с – to expand vocabulary
побалакати – to chat
тра́ктор – tractor
води́ти тра́ктор – to drive a tractor
її спітка́є хале́па – she will get into trouble

ОБЕРІТЬ ПРАВИЛЬНУ ВІДПОВІДЬ.

1. Чому змагання більше не проводили?
   А Бо це була не дуже вдала практика
   Б Бо завжди перемагав Браян
   В Бо це забирало багато часу

2. Чи говорили іноземці з сусідами?
   А Ні, бо сусіди були дуже злі
   Б Так, бо сусіди дуже любили розмовляти
   В Так, бо хотіли розказати сусідам про Іспанію та США

3. Яка була улюблена справа Беатріс?
   А Збирати полуниці
   Б Робити варення
   В Водити трактор

ЩО КОЛИ БУЛО?
Знайдіть пари:

① У червні   А Бабуся повісила розклад на вишню
② У понеділок   Б Беатріс і Браян були у Вишеньках
③ У вівторок   В Гості та Мирослав гуляли в селі
④ Увечері   Г Браян збирав огірки
⑤ Одного ранку   Д Беатріс збирала полуниці

РОЗДІЛ 28

СПРОБА НОМЕР ДВА

Це було вранці в суботу. Браян пішов на поле пасти Ромашку. Пішов не сам, а з Мирославом. Хлопці стали друзями.
— Чому ти такий сумний? – питав Мирось. – Це все через Беатріс?
Браян тільки зітхав.
— Вона думає, що я повний ідіот! – раптом сказав він.
— Му-у! – озвалася Ромашка.
— Бачиш, і вона так думає, – кивнув Браян. – У середу я в хаті прибирав і готував вареники з сиром. У четвер варення варив. Вона, мабуть, думає, що я не чоловік, а... як це у вас кажуть?
— Ганчірка?
— Ага...
Мирось замислився.
— По-перше, тобі треба щодня повторювати собі по десять разів: «Я сміливий сильний чоловік. Я розумний спортивний американець. Я суперeколог!»

— Це не допоможе... – похнюпився Браян.
— Не будь песимістом! Ми щось придумаємо!
— Я не просив у тебе поради, – відповів хлопець. Але Мирось не слухав:
— А може, штовхнути трактор у болото? Болото м'яке, нічого не станеться. А потім ти її врятуєш. Завтра сіно будуть збирати там на горі, над болотом. І саме там буде стояти трактор. Ми його тихенько раз – і...
— Твоя порада минулого разу не дуже добре спрацювала... – нагадав Браян.
— То був поганий план! Ну ж бо, це чудова ідея! Трактор поїде з гори в болото, а ти її врятуєш!
— Болото... Це не те болото, що Чортовим називається?
— Те.
— Ця назва мені щось не дуже подобається.
— Подумаєш, назва! Від сьогодні це буде Болото Тріумфу! Болото Перемоги! Болото Блискучого Успіху!

Браян посміхнувся.
— Ну, гаразд... – відповів він. – А в тебе що, є човен?
— Нема! Але є надувний матрац! Ти її на матраці забереш. Це буде дуже романтично. Сто відсотків спрацює.
— А якщо вона просто поверне вбік?
— А ми там поставимо Аполлона, і вона не поверне. Той віслюк такий впертий, як... як віслюк. Завжди довго стоїть на місці. Праворуч там ліс. А посередині – болото.
— А трактор?
— А що трактор? Дядько Микола із Сіряком витягнуть його потім. То як, домовилися?

спро́ба – attempt
но́мер – number
зітха́ти – to sigh
по́вний ідіо́т – complete idiot
ганчі́рка – rag

Як це у вас ка́жуть? – How is it said in your language?
замисли́тися – to become thoughtful, to be deep in thought

Це не допомо́же. – It will not work out.
похню́питися – to hang one's head
штовхну́ти – to push
боло́то – swamp
нічо́го не ста́неться – nothing bad will happen
тихе́нько – quietly
раз – і... – and then...
спрацюва́ти – to work out
нагада́ти – to remind
Ну ж бо, це чудо́ва іде́я! – Let's do it, it's a brilliant idea!
чо́ртовий – devil's

Поду́маєш, на́зва! – The name is not a big deal.
тріу́мф – triumph
блиску́чий у́спіх – shining success
чо́вен – boat
матра́ц – mattress
надувни́й матра́ц – air mattress
романти́чно – romantic
поверну́ти вбік – to turn
поста́вити – to put
ви́тягнути – to pull out
То як, домо́вились? – So, we have a deal?

ПЛУТАНИНА

Слова тут переплутані. Складіть із них речення!

① готував я у хаті з вишнями У середу і вареники прибирав.

② ганчірка думає, що я не Беатріс чоловік, а.

③ тобі треба сміливий чоловік» 10 разів кожен повторювати по: «Я день По-перше, сильний.

④ над болотом Завтра на горі збирати будуть сіно.

ВИКИНЬТЕ ЗАЙВЕ!

Приберіть словосполучення чи слово, яке не схоже на інші за значенням:

① Прибирав у хаті, готував вареники, грав на комп'ютері, варив варення, закривав огірки

② Спортивний, сміливий, сильний, міцний, витривалий, лагідний

③ Човен, надувний матрац, трактор, корабель, водний мотоцикл

РОЗДІЛ 29

ВЕЛИКИЙ «ЧВАК»

Того дня Беатріс мала допомагати по господарству. Браяна десь не було з самого ранку: мабуть, уже працює на городі з чорноземом. А може, зачинився з мікроскопом у себе на горищі? Ну, нехай... Настрій у дівчини був гарний: пташки співають, надворі тепло і сонячно, навколо – зелені поля...

А головне, на неї чекав дуже цікавий день. Вона сама сьогодні поїде на тракторі на гору над полем. Там лежить скошена трава. Прийдуть дід Петро, дід Іван та дядько Микола. Вони допоможуть навантажити сіно на трактор, а потім вона повезе його додому до дядька Миколи. Там воно буде сушитися і зберігатися.

От яка вона важлива! От яка самостійна!

«Чудовий день!» – думала Беатріс, коли снідала. І коли чесала своє довге чорне волосся. І коли їхала на старому тракторі... І коли виїхала на місце, де збиралася зупинитися... То був невеличкий пагорб. Унизу було маленьке болото, яке з правого боку обступав сосновий ліс.

— О, і ти тут, Аполлоне! — зраділа Беатріс. Недалечко на схилі стояв знайомий віслюк дядька Остапа.

Дівчина зупинила мотор і хотіла вже вийти з трактора. Проте... Що це? Що відбувається? Трактор раптом хитнувся і... поїхав униз! Колеса крутилися спочатку повільно, потім швидше, ще швидше... І трактор уже на повній швидкості їхав... ні, просто летів схилом униз — прямісінько в болото!

— От дідько! — Беатріс вчепилася в кермо.

Вона хотіла повернути ліворуч, але ж там віслюк! Він стояв спокійний, наче буддійський монах, і дивився в далечінь. Праворуч повернути теж не можна — там сосни.

Залишається тільки болото. Чвак!!!

Колеса трактора вже мішали чорну грязюку, а жаби перелякано стрибали на всі боки. Беатріс так здивувалася, що не змогла сказати ні слова. Вона хотіла відчинити двері, коли раптом із соснового лісу вибіг Браян.

чвак — squelch
з самого ранку — since morning
зачинитися — to close oneself
Ну, нехай... — Let it be...
головне — the main thing
скошена трава — cut grass
допомогти — to help
навантажити — to load
повезти — to transport
сушитися — to be dried
зберігатися — to be stored
важливий — important
чесати волосся — to comb your hair

виїхала на місце, де збиралася зупинитися — she drove to the spot where she was going to stop
невеличкий — small, not big (diminutive from **«невеликий»**)
пагорб — hill
обступати — to surround
сосновий — pine (adjective)
недалечко — not far (diminutive from **«недалеко»**)
схил — slope
знайомий — acquaintance, friend

мото́р – engine
хитну́тися – to sway
пові́льно – slowly
шви́дше – faster
на по́вній шви́дкості – at full speed
прямі́сінько в боло́то – right into the swamp
вчепи́тися у щось – cling onto sth
кермо́ – steering wheel
споко́йний, на́че будді́йський мона́х – calm as a buddhist monk

диви́тися в далечі́нь – to look into the distance
сосна́ – pine
міша́ти – to mix
грязю́ка – mud
жа́ба – frog
переля́кано – frightenedly
на всі бо́ки – in every direction
здивува́тися – to be surprised
ні сло́ва не сказа́ти – not to say a word

ОБЕРІТЬ ПРАВИЛЬНУ ВІДПОВІДЬ:

1. Чому Беатріс любила їздити на тракторі?
   А Тому що її бабуся водила автобус
   Б Тому що відчувала себе важливою і самостійною
   В Тому що це було корисно для наукової роботи

2. Чому трактор раптом поїхав униз?
   А Бо Тріс забула про гальма
   Б Бо трактор штовхнув Мирослав
   В Бо трактор штовхнув Браян

3. Чому Тріс не могла повернути праворуч чи ліворуч?
   А Бо ліворуч був віслюк, а праворуч сосни
   Б Бо ліворуч було болото, а праворуч віслюк
   В Бо ліворуч були сосни, а праворуч віслюк

РОЗДІЛ 30

ПІДСТУПНА МИША ТА РОЖЕВИЙ МАТРАЦ

Браян біг просто до болота. Під рукою хлопець тримав рожевий надувний матрац зі слониками та ананасами.

— Не бійся, Тріс, я врятую тебе! Я вже тут! — кричав він.

Браян кинув рожевий матрац на зелену воду й ліг на нього, як на серферську дошку. Він почав швидко пливти до трактора. Проте бідолашний Браян не знав, що матрац прогризла миша... Матрац почав зі свистом здуватися і став маленький і зморшкуватий, наче старе яблуко...

— Рятуйте, я тону! — загукав Браян.

Беатріс не знала, що думати. Ясно одне: людина тоне, треба щось робити. Вона швидко скинула кросівок, зняла свою довгу красиву шкарпетку й кинула Браянові:

— Тримайся!

Так і витягла мокрого хлопця на капот.

Ви ж пам'ятаєте, ким працює бабуся Беатріс? Правильно, водієм автобуса!

«Так, що мене вчила бабуся? Ніколи не здаватися... А ще помаленьку натискати на газ...»

Беатріс пройшла курс екстремального водіння разом з бабусею, тому не розгубилася. Спокійно і впевнено натисла на газ, стиснула кермо і впертo й повільно виїхала з болота. На великих колесах залишилися жовті водяні лілії.

Нащадок суворих індіанців оджибва сповз із капота — мокрий і зелений, весь у рясці й з жабою на плечі. Беатріс взяла її в руки й понесла до води. Браян чув, як вона тихо говорить:

— Ти мій маленький... Дороженький, як каже баба Галя. Може, поцілувати тебе? Не перетворишся на принца? Бо ніде тих принців нема... — і вона застромила собі у волосся жовту лілію.

підсту́пний – insidious, cunning
ми́ша – mouse
роже́вий – pink
сло́ник – little elephant (diminutive from **«слон»**)
анана́с – pineapple
се́рферська до́шка – surfboard
пливти́ – to swim, to float
бідола́шний – poor
прогри́зти – to chew through
свист – whistling
здува́тися – to deflate
зморшкува́тий, на́че старе́ я́блуко чи помідо́р – wrinkled like an old apple or tomato
Рятýйте! – Help!
тонýти – to sink
ски́нути кросі́вок – to take off a sneaker
зня́ти шкарпе́тку – to take off a sock
ки́нути – to throw
Трима́йся! – Hold on!
мо́крий – wet
капо́т – hood
здава́тися – to give up
помале́ньку – slowly
натиска́ти на газ – to hit the gas
курс воді́ння – driving course
екстрема́льний – extreme
нати́снути – to press
сти́снути – to squeeze
лі́лія – water lily
наща́док – descendant
спо́взти – to climb down
ря́ска – duckweed
перетвори́тися на при́нца – to turn into a prince
ніде́ тих при́нців нема́ – there are no princes anywhere

ІМЕННИК + ПРИКМЕТНИК

Знайдіть пари:

1. Матрац
2. Миша
3. Вода
4. Водіння
5. Шкарпетка
6. Браян
7. Беатріс
8. Лілії

А Зелена
Б Наляканий
В Жовті
Г Рожевий
Д Рішуча
Е Підступна
Є Довга
Ж Екстремальне

РОЗДІЛ 31

ЯК ВРАЗИТИ ХЛОПЦЯ

Була сієста. Усі бабусі та дідусі села полюбили цю іспанську звичку. Тепер у найбільшу спеку вся вулиця у Вишеньках відпочивала. Баба Женя, баба Орися, баба Маруся – всі-всі-всі. Беатріс лежала в гамаку й гортала стрічку в інстаграмі. Прийшов Мирось.

— Що робиш? – спитав він.

— Та дивлюся нові луки... Сільська мода, мода і природа, мода для сильних і незалежних дівчат... От. Як тобі?

— Гм... – малий подивився на екран телефона. – Непогано. Але навіщо це?

— Я хочу його вразити! Ну, Браяна... Ти зрозумів... – прошепотіла Беатріс. – Тільки нічого нікому не кажи.

— Ясно...

— Як думаєш, що вибрати?

— Ну не знаю, я не експерт у моді, – відповів він.

— А у вас в Україні що дівчина робить, щоб вразити хлопця?

— Е-е-е... – Мирось подумав. – Почекай, я в бабусі спитаю.

Баба Галя була в сусідки Одарки. Вони обидві лежали під вишнями й пили сік.

Через хвилин десять хлопчик повернувся.

— Ну що, щось дізнався? – спитала Беатріс.

— Я точно не зрозумів, але по-моєму, дівчина готує смачну їжу. І ще про гарбузи щось казали.

— Про гарбузи? Треба приготувати щось з гарбуза? Цікаво-цікаво... Ага! – вигукнула Тріс. – Гарбуз – він сам по собі не дуже смачний. Його тільки на Геловін ріжуть і тваринам дають. Мабуть, якщо дівчина смачно приготує гарбуз, то це буде супер-пупер!

Малий трохи подумав, а тоді сказав:

— Думаю, це воно.

— А ти можеш дістати для мене гарбуз?

— Можу. У погребі є.

вра́зити — to impress
полюби́ти — to come to love
зви́чка — habit
найбі́льший — the biggest
горта́ти стрі́чку — to scroll through the news feed
лук — look
сільська́ мо́да — rural fashion
от — here

експе́рт у мо́ді — fashion expert
оби́дві — both (female)
шезло́нг — deck chair
дізна́тися — to find out
по-мо́єму — to my mind
гарбу́з — pumpkin
сам по собі́ — in itself
приготува́ти — to cook
су́пер-пу́пер — super-duper

ОБЕРІТЬ ПРАВИЛЬНУ ВІДПОВІДЬ:

1. Навіщо Беатріс вивчала моду?
    - А Вона хотіла бути наймоднішою у Вишеньках
    - Б Вона хотіла подобатися Браянові
    - В Вона хотіла мати багато лайків у інстаграмі

2. Що робила в цей час бабуся Галя та її сусідка?
    - А Вони працювали на городі
    - Б Вони пили сік
    - В Вони готували гарбуз

3. Що вирішила зробити Беатріс, щоб вразити хлопця?
    - А Одягти червону сукню
    - Б Приготувати гарбуз
    - В Виграти стипендію ґрунтознавців

РОЗДІЛ 32

ЧУВ ДЗВІН... АБО ПРИГОДА З ГАРБУЗОВОЮ КАШЕЮ

Бабуся дуже здивувалася, коли прийшла на кухню.

— Беатріс, ти що, готувати зібралася?

— Так, сьогодні я хочу приготувати іспанську вечерю. Будемо їсти паелью! — сказала вона. — Це іспанська страва.

— Чудова ідея, — відповіла бабуся. — Тоді не буду тобі заважати. Може, тобі щось потрібно?

— Ну, мені треба часник, цибуля, морква і перець.
— Добре, усе це є на городі. Ти знаєш де.
— Знаю... Дякую, бабусю!

Отож Беатріс не тільки взяла на городі різні овочі. Залишилося додати креветки та оливкову олію. Такого в пані Галі на кухні не було. Може, у сільській крамничці буде? І Тріс вирушила туди.

— Добрий день... — привіталася вона.
— Здрастуй, люба, — відповіла продавчиня тітка Тетяна. — Морозива?
— Ні, не сьогодні, — сказала дівчина. — Мені потрібні креветки й оливкова олія.
— Креветки... — тітка Тетяна замислилась. — Ну, в нас тільки карасі з нашого ставка є. Не підходить?
— Ні... На жаль. Мені треба приготувати іспанську страву... Але, мабуть, нічого не вийде, — гірко сказала Беатріс.
— Чому це не вийде? Сідай на велосипед і їдь у центр. Знаєш супермаркет «Нова копійка»? Там усе є.

Тріс подякувала і зробила, як радила тітка Тетяна. За якусь годину вона вже розпаковувала на кухні оливкову олію та заморожені креветки.

— Те, що треба! — раділа вона.

Ввечері з будинку пахло неймовірно смачно. Усі чекали на іспанську вечерю. Усі, крім Браяна. Він ще був занурений у науку. І водночас — у немаленьку яму. Він викопав її посеред городу й робив там свої досліди ґрунту вже години зо дві. Тому не відчув чудового аромату паельї.

Беатріс уже клала всім їжу — бабусі, дідові, собі, Мирославу...

— Дуже смачно. Молодець! — сказав дід. — Іспанська їжа — супер!

Бабуся глянула з-під лоба, але теж спробувала.

— Ммм... Смакота! Ваша національна страва, кажеш?

— Так! Тільки замість рису я взяла гарбуз.

У ту мить двері прочинив Браян, весь у землі.

— Смачного! — сказав він. — А чим це так добре пахне?

— Це паелья. Мий руки й сідай, — сказала Тріс і поставила йому миску паельї з гарбуза.

Браян узяв виделку, та скористатися нею не встиг... Бабуся раптом забрала тарілку з-під самого носа.

— Ой... серденько... це не дуже смачно!

— Що?! — не зрозуміли ні Браян, ні Беатріс.

— Це не дуже добре — гарбуз їсти, це так не корисно, на ніч, ну, знаєте, від нього, цей... Не спиш, а ходиш! — сказала бабуся.

— Та ні, на мене це не діє! — запротестував Браян.

— Діє-діє, серденько, давай сюди, — і вона забрала в нього тарілку та заховала в холодильник. А замість паельї дала бідному Браянові вчорашню картоплю. Ну, теж непогано, але...

Коли всі пішли спати, бабуся покликала Беатріс:

— Що це ти надумала? Гарбуза Браянові? Він же хороший хлопець — працьовитий, чесний... Такі на дорозі не валяються!

— Я знаю, що не валяються, — відповіла Беатріс. — Тому я приготувала для нього найкращу страву...

— З гарбуза? Ти що!

— А що?

— Хто це тобі порадив? Мирось?
— Ага, — тихенько відповіла Тріс.
— Ох я йому дам! Чув дзвін, а не знає, де він!

чув дзвін, та не знає, де він — he doesn't know what he is talking about (literally: he's heard the bell but doesn't know where the sound was coming from) (idiom)
пригóда — adventure
гарбузóва кáша — pumpkin porridge
паéлья — paella
заважáти — to disturb
мóрква — carrot
пéрець — pepper
отóж — so
оли́вкова олíя — olive oil
заморóжені кревéтки — frozen shrimps
крамни́чка — a little shop (diminutive from **«крамниця»**)
карáсь — crucian
підхóдити — to fit, to be good
нічóго не ви́йде — it won't work
гíрко сказáти — to say bitterly (sadly)
за яку́сь годи́ну — in an hour or so
розпакóвувати — to unpack
неймовíрно — incredibly

зану́рений — immersed
немалéнька я́ма — not a little pit
ви́копати — to dig out
годи́ни зо дві — around two hours
аромáт — aroma
клáсти — to put
гля́нути з-під лóба — to look with mistrust
зáмість ри́су — instead of rice
прочини́ти двéрі — to open the door
ми́ти — to wash
скориста́тися видéлкою — to use a fork
встигáти — to have time
тарíлка — plate
з-під самóго нóса — from under one's nose
сердéнько — sweetheart, honey (literally: «little heart»)
дíяти — to affect
запротестувáти — to protest
давáй сюди́ — give it to me
вчорáшній — yesterday (adjective)
Ти що це наду́мала? — What are you up to?
працьови́тий — hardworking

чéсний – honest
Такí на доро́зі не валя́ються! – A good man is hard to find! (literally: such guys don't lie around on the road) (idiom)
Ти що! – А що? – What were you thinking? – Why?
Ох я йому́ дам! – I'll make it hot for him!
да́ти гарбуза́ – idiom, literally «to give a pumpkin»: to refuse a guy who proposes (girls used to give a pumpkin to an unwanted fiancé or treat him with a pumpkin porridge

ПОСЛІДОВНІСТЬ

Розкажіть, як усе було. Користуйтеся словами у таблиці.

❶ Спочатку	Ⓐ Беатріс поклала паелью Браянові
❷ Потім	Ⓑ Беатріс пішла в магазин
❸ Тоді	Ⓥ Браян прийшов на вечерю
❹ Після того	Ⓖ Бабуся пояснила, що значить давати гарбуза
❺ Пізніше	Ⓓ Бабуся забрала у Браяна тарілку
❻ Ще пізніше	Ⓔ Всі, крім Браяна, прийшли на вечерю
❼ У кінці	Ⓔ Беатріс приготувала вечерю

РОЗДІЛ 33

СЕКРЕТНА РОЗМОВА НА ГОРИЩІ

Мирослав, Браян і Тріс сиділи на горищі й дивилися на зорі. Навколо літали хрущі. Кури вже давно спали, у хаті хропів дідусь Петро, а бабуся Галя бачила третій сон. У сні вона була детективом і розплутувала складні справи, а потім отримала медаль. Ромашка також спала – їй снилася зелена трава. Було тихо, хоч мак сій.

Друзі дивилися фото на телефоні Беатріс.

– Ой, це ми перший день на городі. Це я приїхала у Вишеньки.

– Ага, глянь, яка в неї велика валіза... – прокоментував Браян.

– У тебе теж велика валіза, тож не треба зауважень!

– А в мене мало речей, – озвався Мирось. – Тільки ноутбук.

– Ой, дивіться. Це трактор біля болота! Це було так смішно!

– Так, було... – мовив Браян. – Але спочатку не дуже весело було...

– А це де?

– Це на полі. Гарні квіти. І Ромашка. Теж було весело. Ці дні були особливі. Я запам'ятаю їх надовго, - зітхнула Тріс.

– Ага, смачна їжа, змагання... Ми гуляли, засмагали, працювали, – говорив Браян. – Тільки в похід не ходили.

– Це було важко, але так цікаво... – погодилася Беатріс.

– А пам'ятаєш, як ти приготувала гарбуз, а бабуся... – почав Мирось.

– Добре пам'ятаю! Це ти все наплутав! – сказала Тріс. Але вона не була сердита, а навпаки – сміялась.

– Погода була фантастична... – мовив Браян. – А через тиждень треба їхати додому. Так не хочеться!

– Ага... – сумно сказала Беатріс. – Ви стали моїми друзями. Буде шкода розлучатися.

– Додай мене у фейсбуці, і у твіттері, і всюди. І ти теж додай, – сказав Браян Миросю. – Я навіть не думав, що знайду тут найкращих друзів. Я буду так сумувати за вами обома!

– А як же стипендія? – спитав Мирось.

– Ну, це вже таке... Якщо хочеш, Беатріс, то я навіть заявку не буду подавати. Можеш брати всі мої досліди у свою наукову роботу...

– Ох, Браяне! Я тільки хотіла сказати, щоб ти взяв мої...

Можливо, це був слушний момент для поцілунку – але ж поряд сидів Мирось.

– Кахи-кахи... – почав він. – Я маю вам дещо сказати. Думаю, ви вже готові.

секре́тний – secret
зоря́ – star
хрущ – chafer, may bug
хропі́ти – to snore
розплу́тувати складні́ спра́ви – to unravel complicated cases
меда́ль – medal
сни́тися кому́сь – to appear in someone's dream
ти́хо хоч мак сій – so quiet you could hear a pin drop (literally: so quiet you can sow poppy seeds) (idiom)
гля́нути – to look
зауваження – remark, comment
річ – thing
смі́шно – funny
запам'ята́ти надо́вго – to remember for long
засмага́ти – to sunbathe
ходи́ти в похі́д – to go hiking

погоди́тися – to agree
наплу́тати – to confuse, to mistaken
Так не хо́четься! – I really don't want to!
шко́да – it's a pity
Бу́де шко́да розлуча́тися. – I'll be sorry to say goodbye.
додава́ти у фейсбу́ці – to add on Facebook
на́віть не ду́мати – to not even think (expect)
Я бу́ду сумува́ти за ва́ми обома́. – I will miss both of you.
А як же стипе́ндія? – What about the scholarship?
подава́ти зая́вку – to submit an application form
слу́шний моме́нт – good time
поцілу́нок – kiss
кахи́-кахи́ – sound made when coughing

ДЕ ТУТ СЕНС?

Складіть словосполучення:

❶ Сидіти
❷ Дивитися
❸ Бачити
❹ Розплутувати
❺ Отримати
❻ Ходити
❼ Шкода
❽ Додати
❾ Подавати

Ⓐ медаль
Ⓑ справи
Ⓥ на горищі
Ⓖ у Фейсбук
Ⓓ на зорі
Ⓔ розлучатися
Є заяву
Ж сон
З в похід

РОЗДІЛ 34

ДО ЧОГО МИ ГОТОВІ?

Беатріс із Браяном подивилися на Мирося. Він був дуже серйозний.
— До чого ми готові? Що ти хочеш нам сказати?
— Слухайте. І не перебивайте. Отже, так... Я знайшов цю міжнародну програму спеціально. І записав діда й бабусю теж спеціально. І вас запросив спеціально. У мене був план.
— Знову план? Ох, Миросю, твої плани... — сказав Браян.
— Я просив не перебивати!
— Добре, мовчу.
— Ви знаєте, що дід Петро раніше працював в бібліотеці. Зараз він вже на пенсії. Так от, одного разу я дідові допомагав на роботі: переписував назви книжок у комп'ютер. І знайшов там тонку жовту книжку. У ній пишуть, що в селі Вишеньки закопано козацький скарб. Тому, хто його знайде, той скарб дає магічні здібності.
— Суперсилу?
— Еге ж. Я дослідив, де він має бути. І вийшло, що скарб захований у нас на городі. А знайти його можуть тільки троє найкращих друзів. Я вже казав про це і батькам, і друзям, і сусідам, і дідові з бабусею... Ніхто не вірить. Усі кажуть, що то якась побрехенька. Копав сам, та нічого не знайшов — друзів не було... Тому я шукав когось не звідси, когось, хто може мені повірити! Сусіди з села тільки сміються. Кажуть, що вже було багато дурнів, які той рукопис читали та ями копали, але ніхто нічого не знайшов. А я все одно вірю, що ми можемо знайти той скарб.
— Це тому ти хотів подружитися з нами? — спитала Беатріс.
— Саме так. То як, допоможете мені знайти скарб?
— Я допоможу, — сказала Беатріс.
— Я теж. Тільки спочатку я хочу побачити рукопис.

слу́хати – to listen
перебива́ти – to interrupt
на пе́нсії – retired
одно́го ра́зу – once
перепи́сувати – to rewrite
тонки́й – thin
зако́пано – buried
знайти́ – to find
магі́чні зді́бності – magical skills
суперси́ла – super power
еге́ ж – yeah

ви́йшло, що – it turned out that
тро́є найкра́щих дру́зів – three best friends
побрехе́нька – tale, lie
не зві́дси – not from here
ду́рень – fool
руко́пис – manuscript
все одно́ – still
подружи́тися – to make friends
са́ме так – exactly

КОМУ ЦЕ ГОВОРИВ МИРОСЬ?

Доповніть речення. Користуйтеся цими словами:

Сусідам і друзям, дідові, Браянові, Беатріс, Браянові та Беатріс.

① «Тобі треба дружити з Беатріс», – казав Мирось _____.

② «А де та книжка про скарби?» – сказав Мирослав _____.

③ «Я хочу, щоб ми троє стали друзями», – сказав Мирослав _____.

④ «У нас на городі закопано скарб! Викопаємо його разом?» – це Мирось говорив _____.

⑤ Він не раз казав _____, щоб вона не сварилася з Браяном.

РОЗДІЛ 35

НІЧНА ПОДОРОЖ

Друзі вирішили йти до бібліотеки вночі. Так-так, вночі! Ніхто не хотів чекати до ранку. Вони вмирали з цікавості. Беатріс відчувала, ніби ось-ось розпочнеться найбільша пригода в її житті.

— Як ми потрапимо всередину? Бібліотеки на ніч замикають, — сказала Беатріс.

— З цим проблем не буде, — відповів Мирось. — У діда залишився ключ.

— Де він? — нетерпляче спитав Браян.

— Тссс... Он, на гачку в коридорі висить. Візьми його, бо я не дістану.

Браян взяв ключ із брелоком «робота», і друзі подалися до бібліотеки.

Село спало. Лише інколи десь сопів їжачок чи коти з'ясовували стосунки. За десять хвилин двоє хлопців і дівчина вже були біля потрібного будинку. Мирось посвітив ліхтариком на табличку:

Бібліотека села Вишеньки Чигиринського району
Черкаської області
Відчинено з понеділка по п'ятницю, 9.00-18.00.
Обідня перерва: 13.00-14.00
Копання та саджання картоплі, а також державні
свята — вихідні

Мирослав швидко відчинив двері. Друзі обережно зайшли всередину. Було темно й тихо, уже навіть собаки ніде не гавкали. Скрізь були високі полиці з книжками — від підлоги до стелі.

— Це було десь тут... — сказав Мирось.

Він узяв розкладну драбину і поставив її під полицею, де були прізвища авторів та назви книжок, які починаються на «С». Потім заліз нагору, трішки пошукав і...

— Знайшов! — вигукнув він.

То була жовта книжечка з дуже дивним написом. Прочитати було важко, бо ніхто так давно не писав: букви були закручені, ніби намальовані.

— Я не можу прочитати, — зітхнув Браян.

— Я теж ні... Тільки ти, — сказала Беатріс Миросеві.

— Гаразд. Тоді світи мені ліхтариком. Світло вмикати не будемо, щоб ніхто нас не помітив.

— Добре... — погодилася Тріс. — Читай швидше!

вмира́ти з ціка́вості — to die of curiosity
ось-ось розпочне́ться — is about to start
потра́пити всере́дину — to get inside
замика́ти — to lock
нетерпля́че — impatiently
ліхта́рик — torch
гачо́к — hook
діста́ти — reach
брело́к — keychain
пода́тися — to go
сопі́ти — to snuffle
їжачо́к — little hedgehog (diminutive from **«їжа́к»**)
з'ясо́вувати стосу́нки — to sort things out
посвіти́ти — to shine light
табли́чка — plate

копа́ння та саджа́ння карто́плі — digging and planting potatoes
держа́вні свята́ — state holidays
га́вкати — to bark
скрізь — everywhere
розкладна́ драби́на — folding ladder
пошука́ти — to look for
кни́жечка — little book (diminutive from **«книжка»**)
закру́чений — twisted
прочита́ти — to read (perfective)
світи́ти ліхта́риком — shine / make some light with a torch
чита́ти — read (imperfective)

ОБЕРІТЬ ПРАВИЛЬНУ ВІДПОВІДЬ:

1. Чому друзі пішли до бібліотеки вночі?
   - **А** Вони не хотіли, щоб про це хтось знав
   - **Б** Бо за ними стежили
   - **В** Вони хотіли відчути атмосферу пригоди

2. Коли в бібліотеці обідня перерва?
   - **А** У час садіння картоплі
   - **Б** З 13 до 14 години
   - **В** З 9 до 18 години

3. Чому Тріс і Браян не могли прочитати напис на книжці?
   - **А** Бо вони погано знали українську мову
   - **Б** Бо букви були дуже закручені
   - **В** Бо книжка була дуже стара

РОЗДІЛ 36

ПРО ХАРАКТЕРНИКІВ НЕ ЧУЛИ?

Скарб характерників-козаків, славних вояків,
Яких шаблі минали та кулі не брали

— Шаблі минали...

— Кулі не брали... Що це значить?

— Так, отже, це значить, що на козаків ніяка зброя не діяла. Їх не вбивала і не ранила, — пояснив Мирослав.

— Як це так?

— Вони характерники... Ще й не таке могли.

— Хто такі характерники?

— Ох... — Мирось сів на драбину. — Ну, хто такі козаки, знаєте?

— Це вояки. Вони воювали з різними ворогами України. Багато їх було: Туреччина, Кримське ханство, Московія, Польща... — почала Тріс.

— Так, ти добре підготувалася! — сказав хлопчик.

Беатріс була дуже горда за себе.

— А ще я знаю, що вони носили широкі штани. Такі зараз модні. І в них була зачіска цікава — волосся немає, тільки одне довге пасмо, — мовила Тріс.

— Штани називаються «шаровари», — сказав Мирось. — А зачіска — чуб. Іноді ще кажуть «оселедець», бо на рибу схоже. Оселедець — це риба взагалі.

— А я знаю, що вони ходили в походи на Крим і Туреччину. Це було сильне військо, — додав Браян. — І жили вони в такому таборі... Як же його?

— Січ, — підказав Мирослав. — Від слова «сікти».

— А чому так?

— Ну, бо вони сікли дерева, коли будували все там, — пояснив Мирось і додав: — І ще ворогів сікли на капусту...

— Вони жили без жінок, — поділився знаннями Браян.

— Як без жінок? — обурилася Беатріс.

— Ну так. Без жінок і все. То ж вояки!

— Нічого вони в житті не розуміли! — сказала Тріс.

— Може, і не розуміли. Слухайте, так про характерників ви не чули? — зупинив суперечку Мирось.

— Ні. Хто це?

— Це такі чарівники. Маги. Вони були дуже круті. Характерники вміли навіювати сон, загоювати рани, розмовляти з тваринами, знаходити скарби. А ще кажуть, що вони вміли бути під водою цілий день. І потрапляти з одного краю степу в інший.

— Це як телепортація.

— Саме так!

— Круто! — сказала Беатріс.

UKRAINIAN LESSONS

КОЗАК

ЧУБ

СЕРЕЖКА

ВУСА

ЛЮЛЬКА

ПОЯС

ШАБЛЯ

ЖУПАН

ШАРОВАРИ

ЧОБОТИ

— То це вони скарб закопали? — спитав Браян.
— Так! Вони.
Чорні очі Тріс сяяли, як зорі:
— Відчуваю, далі буде дуже цікаво...

характе́рник – kharakternyk (magician in cossack troops)
коза́к – cossack
сла́вний воя́к – glorious warrior
яки́х ша́блі мина́ли та ку́лі не бра́ли – who couldn't be injured with sabers or bullets
вбива́ти – to kill
ра́нити – to wound
воюва́ти – to fight
во́рог – enemy
Туре́ччина – Turkey
Кри́мське ха́нство – the Crimean Khanate
Моско́вія – Muscovy
По́льща – Poland
чуб – forelock
оселе́дець = чуб (literally: herring)
похі́д – military campaign
ві́йсько – army
та́бір – camp
підказа́ти – to prompt

сікти́ – to cut
сікли́ на капу́сту – cut them like cabbage
обу́ритися – to resent, to become indignant
То ж вояки́! – But they are soldiers!
супере́чка – quarrel
чарівни́к – magician
маг – magician
наві́ювати сон – evoke a dream
заго́ювати ра́ни – to treat wounds
розмовля́ти з твари́нами – to talk to animals
знахо́дити скарби́ – to find treasures
потрапля́ти з одно́го кра́ю сте́пу в і́нший – to get from one part of steppe to another
телепорта́ція – teleportation
о́чі ся́яли, як зо́рі – eyes were shining like stars

ЩО ЦЕ ОЗНАЧАЄ?
З'єднайте слово та його значення:

1. Козаки
2. Характерники
3. Січ
4. Кримське ханство
5. Шаровари
6. Чуб/оселедець
7. Шабля

А Штани
Б Козацька держава
В Українські воїни (XV-XVIII століття)
Г Зачіска
Д Зброя
Е Маги, чарівники
Є Держава, що існувала на території Криму

РОЗДІЛ 37

СЕВЕРИН ВОВК

Мирослав почав повільно читати:

«*Серед поля широкого, біля лісу густого, де звірі ходять дикі, є село вільне та гарне, славне та багате, і Вишеньки йому ймення. Прославилося воно у віках і буде ще й далі славним.*

Знайте, люди добрі, що у Вишеньках зупинився славний козак-характерник Северин Вовк року Божого 1596-го. Северин жив довго на Січі, а тоді прийшов спочити на хутір Вишеньки. Чути він міг те, чого інші не чують, і бачити міг те, чого не бачить простий чоловік.

Одної ночі почув козак, що татари близько – у полі, стали табором під Вишеньками. Тоді він перекинувся на вовка та й побіг просити про допомогу козаків-товаришів, які теж відпочивали по сусідніх селах. Але в полі тоді стояла татарська варта. Мудрий Северин Вовк знав, що не зможе там пройти, якщо буде мати з собою причандали козацькі. Бо татарські чарівники теж гостре око мають: побачать вовка з чимось таким незвичайним — нікуди не пустять.

Тому Северин Вовк усі свої речі залишив у схованці. У них — уся його сила характерницька. Без магічних предметів не може він ні чарувати, ні перетворювати себе чи інших.

Тільки вибіг вовк із хутора, як дервіш татарський Ахмед тут як тут: зрозумів усе, побачив схованку... Хотів скарб дістати й знищити, щоб позбавити козака його сили. Бо такі, як він, татарам уже багато намірів зіпсували. Підійшов до схованки, але не зміг дістати скарб — сила козацька не пустила.

Довго він мучився, усі заклинання перепробував — нічого не вийшло. Ахмед розлютився. «Зажди, козаче, — каже, — якщо я скарб не дістану, то і ти його теж не отримаєш». І придумав ось яке закляття: тільки троє справжніх, щирих друзів зможуть той скарб дістати з-під землі. Ніхто інший його навіть бачити не буде. Хоч півдня землю буде копати, нічого не вийде!

А де трьох друзів узяти? Двох іще можна, але трьох... Обов'язково то якась сварка між ними є, то заздрість, то ще якась біда. Тож поки що, люди добрі, скарб під землею.

Врешті-решт Вишеньки від татар врятували, але Северина спіткала доля важка. Повернувся він до села, прийшов до своєї схованки — а там Ахмед сміється. І каже татарською мовою: «Іди шукай друзів, інакше не дістанеш своїх причандалів для чаклування. І вовком навіки зостанешся. Хоч не будеш нам більше заважати!»

Северин так і не зміг нічого вдіяти. Друзів у нього не було. Добрий то був чоловік, але самотній. Подався славний козак на острів Хортиця, на Січ, шукати допомоги в інших характерників. Проте нічого не допомогло. Дуже сильне те закляття — нічого сильнішого немає.

Мабуть, ще й досі Северин бігає на Хортиці вовком, а перетворитися на чоловіка не може. Багато добра зробив славний козак, але тепер, мабуть, залишиться вовком навіки...»

Севери́н – an old name
вовк – wolf
широ́кий – wide
густи́й ліс – thick forest
ди́кий – wild
звір – animal
йо́му йме́ння – is it's name
просла́вилося воно́ у віка́х – it has become famous forever and ever
ро́ку бо́жого – in the year of our lord
спочи́ти – to rest
ху́тір – khutir (small village)
ста́ти та́бором – to camp
переки́нутися на во́вка – to turn into a wolf
това́риш – friend
ва́рта – guard
причанда́ли – belongings, staff
го́стре о́ко – sharp-eyed
пусти́ти – to let go
схо́ванка – hiding place
перетво́рювати – to turn (sth / sb into sth / sb)
ті́льки..., як... – as soon as ...
де́рвіш – dervish (a muslim magician)
зни́щити – to destroy
позба́вити – to deprive
на́мір – intention
зіпсува́ти – to ruin
перепро́бувати – to try everything
зажда́ти – to wait
закля́ття – spell
спра́вжній – real
щи́рий – sincere
з-під землі́ – from under the ground
пів дня – half a day
Де тих трьох дру́зів узя́ти? – Where can one find three friends?
сва́рка – quarrel
за́здрість – envy
біда́ – misfortune
спітка́ла важка́ до́ля – he had a difficult fate
во́вком наві́ки зоста́нешся – you will remain a wolf forever and ever
хоч – at least
вді́яти – to do
само́тній – lonely
о́стрів – island
зроби́ти добро́ – to do good

ЩО ЗА ЧИМ?

Що за чим відбулося? Поставте цифру (1-9).

А Дервіш наклав закляття на магічні предмети. ☐
Б Северин перетворився на вовка. ☐
В Северин Вовк пішов на острів Хортиця. ☐
Г Козаки врятували Вишеньки від татар. ☐
Д Северин почув, що близько татари. ☐
Е Северин заховав магічні предмети. ☐
Є Северин Вовк жив на Січі. ☐
Ж Северин Вовк приїхав на хутір Вишеньки. ☐
З Северин попросив про допомогу козаків. ☐

РОЗДІЛ 38

ЧОТИРИСТА КРОКІВ КАБАНА

— А чи є там якісь інструкції, як ми можемо знайти цей скарб? Де саме копати? – спитав Браян.

— Є. Це тут окремо написано, – сказав Мирось і перегорнув сторінку.

«Я, писар війська Запорозького, зараз відкрию вам таємницю.

Скажу вам чесно, люди добрі, я теж магії не цурався, колись і сам характерником хотів стати. Та якось не вдалося – писарем став, а часу на чари вже не лишилось. Зате дещо я можу. На Січі навчався я в одного старого характерника, і дав він мені чоботи чарівні: взуєш – і розумієш мову вовка чи якого хочеш звіра.

Отож я, писар війська Запорозького, гостював на славному хуторі Вишеньки року Божого 1598-го. Одного дня ішов я вулицею, раптом бачу – вовк сумний біля хати сидить. Я взув свої чоботи. Тоді вовк-козак і розказав мені, що з ним сталося, й де його скарб заховано. А я все записав. І тепер передаю вам слово в слово усе, як сказав мені сам Северин Вовк.

Від Чортового болота – 400 кроків кабана дикого на захід. Тоді 16 стрибків зайця на схід. Потім 158 ліктів на південний схід. Якщо там знайдете маленький камінець, то ви на правильному шляху. Він розділяє маєтки Кирила Безштанька та Мирона Вариборща. Звідти треба на схід відміряти 47 кроків козака та потім ще 13 ліктів козака. І тоді викинути 40 лопат землі. Скарб має велику силу! І пам'ятайте: знайти його не зможе одна людина, не зможуть і дві, а тільки три. Ці три славні козаки мають бути справжніми друзями. Дух скарбу відчує їхню щиру дружбу і покажеться їм».

— Слухайте, але ж ми не три славні козаки... – подумав Браян.
— Думаю, це в переносному значенні — метафорично, – сказав Мирось. – То як вам моя ідея?

Ідея, звісно, була на мільйон. Може, й на більше. Проте ніхто з них не помітив, що чиєсь вухо тулиться до вікна бібліотеки...

крок – step
кабан – wild boar
інструкція – instruction
де саме – where exactly
перегорнути сторінку – to turn a page
писар війська Запорізького – scribe of the Zaporizhian Army
відкрити таємницю – to reveal a secret
чесно – honestly
цуратися – to avoid, to she away from
чобіт – boot
взути – to put on

гостювати – to stay, to be on a visit
слово в слово – word for word
на захід – west
стрибок – jump
заєць – hare
лікоть – elbow (old measure of distance which equalled the distance between a wrist and an elbow)
на південний схід – southeast
камінець – little stone (diminutive from «камінь»)
бути на правильному шляху – to be on the right track

розділя́ти – to separate
має́ток – estate
Безшта́нько – old family name (literally: the one without pants)
Вари́борщ – old family name (literally: the one who cooks borscht)
зві́дти – from there
відмі́ряти – to measure
ви́кинути – to throw away
дух – spirit
дру́жба – friendship
показа́тися – to show oneself, to appear
в перено́сному се́нсі – figuratively
Ну як вам ця моя́ іде́я? – What do you think of this idea?
тули́тися – to be pressed against

ДИКІ ЧИ ДОМАШНІ?

Які тварини й птахи дикі, а які – свійські (домашні)? Поставте «д» біля диких і «с» біля свійських. Тварин, яких не знаєте, перевірте у словнику. Наприклад:

Ведмідь – д, віслюк – с

Заєць ☐   Курка ☐   Вовк ☐
Корова ☐   Миша ☐   Кролик ☐
Сорока ☐   Півень ☐   Гуска ☐
Коза ☐   Свиня ☐   Білка ☐
Лисиця ☐   Лелека ☐

РОЗДІЛ 39

ДЕНЬ «ІКС»

Отже, день «ікс» настав. Краще навіть сказати «ніч ікс». Мирослав, Беатріс та Браян зібралися шукати скарб. Робити це треба було вночі, звичайно. Інакше могли б прибігти всі сусіди й реготати на все село (особливо баба Женя), а цього ніхто не хотів. Тому довелося знову чекати, коли всі ляжуть спати.

Першими заснули кури та півень Гаврило. Потім корова Ромашка. Віслюк Аполлон теж спав. Сусіди вимкнули світло та телевізори. Нарешті можна вже йти...

Усе-таки локацію вирішили перевірити: спочатку прийшли до Чортового болота. До того самого, де колись «скупався» Браян.

— Як ходить той дикий кабан? – запитала Беатріс.

— Я знаю! Я був скаутом, і ми це вчили! Ну, щоб можна було втекти від кабана, якщо буде треба, – відповів Браян.

— Браяне, ти такий розумний... – прошепотіла дівчина.

— Час іде, – нетерпляче нагадав Мирослав. – Будемо міряти?

— Так, – відповів Браян. – Крок кабана – це приблизно... приблизно ось так, – і він показав. – Таких нам треба 400.

Почали: один, два, три... Браян повільно і впевнено міряв відстань на захід. Мирослав світив ліхтариком, а Беатріс дивилася на компас у телефоні. Нарешті чотириста!

— Готово! – сказав Браян. – Що там далі?

— Далі стрибки зайця на схід...

Так вони потроху просувалися до потрібного місця. Нарешті опинилися на городі тітки Одарки. Там лежав камінь. Прибрати його не виходило — він сидів глибоко в землі.

— Це, певно, той камінь, що розділяв маєтки... – сказав Браян.

— Ага, – сказав Мирось. – У баби Одарки прізвище Безштанько. Так що то, мабуть, її пра-пра-пра-пра...

— А тепер у нас 47 кроків козака. Ну, які там у козака кроки, я не знаю, – почухав голову Браян.

— Думаю, це як у тебе! – відповів Мирось. – Рахуй!

І вони відміряли ще 47 кроків на схід. Потім Браян ліг на землю і поміряв ще 13 ліктів – від кінця пальців до ліктя, якщо точно.

— Готово!

Вони були на городі діда Петра й баби Галі. Усе, як сказав Мирослав. Залишалося тільки викинути 40 лопат землі. На щастя, там росла картопля, і її можна було викопати.

— Скажемо бабусі, що на обід буде молода картопля, – сказала Беатріс.

— Точно! З часничком... М-м-м... – замріявся Мирось. – Ну, до роботи!

Хлопці взяли лопати, забрали картоплю й почали по черзі викидати чорнозем. Беатріс світила ліхтариком. Серце в неї билося, наче пташка в клітці.

— Один...

— Два...

— Три... – рахували вони.

— Сорок!

На цьому слові Браян відчув, як лопата вперлася в щось тверде.

прибі́гти – to come running
реготáти – to laugh one's head off
на все селó – so that everyone in the village can hear it
лягти́ спáти – to go to bed
усé-таки – still, however
локáція – location
скупáтися – to bathe
втекти́ – to run away
мі́ряти – to measure
прибли́зно – approximately
кóмпас – compass
просувáтися – to proceed
опини́тися – to find oneself
глибóко – deep

пра-пра-пра – great-great-great
рахувáти – to count
лягти́ – to lie (down)
на щáстя – fortunately
молодá картóпля – new potatoes
замрі́ятися – to get carried away by one's dreams
по чéрзі – in turns, one after another
сéрце би́лося, нáче пташка в клі́тці – the heart was beating really fast (literally: like a bird in a cage)
впéртися в щось твердé – to rest against something hard

ВИКИНУТИ

ВИКОПАТИ

ВИЙТИ

ВИБІГТИ

ВИЛІЗТИ

ПРЕФІКС «ВИ»

Часто префікс «ви» показує, що щось рухається від чогось.

Викинути   Викопати   Вийти
Вилізти   Вибігти. А ще – вивчити, виміряти, вибрати.

Вставте дієслова, наведені вище, у правильній формі:

❶ Леся _____ з кімнати й зачинила за собою двері.

❷ Андрій _____ на городі велику яму – хотів знайти кістку динозавра.

❸ Нащо тобі ця стара футболка в дірках? Її треба _____.

❹ Діти вже _____ зі школи надвір.

❺ Браян _____ українську пісню «Дівка в сінях стояла».

ЧАСТИНА ДРУГА

СКАРБ

РОЗДІЛ 1

ЩО БУЛО У СКРИНІ?

Беатріс згоряла від нетерпіння. З Браяном і Миросем було те саме. Усі вони відчували наближення пригоди. Буде весело! Чи ні? Ох, цього поки ніхто не знав.

Хлопці повільно витягли із землі скриню з замком. У замку, на диво, був ключ. Мирослав сів на коліна і спробував його повернути.

Ключ заскреготав. І таки повернувся.

— Беатріс, відмикай ти, — мовив Браян.

— О, дякую...

Руки в неї тремтіли. Раз! Скриня зі скрипом відчинилася. З неї пахло сирістю та пригодами. На дні лежав маленький мішок, схожий на гаманець, затягнутий мотузкою.

— Капшук... — захоплено сказав Мирось. — Справжній козацький капшук!

— Це що таке? — не зрозумів Браян.

— Це те саме, що гаманець, але козацький. Там могли бути гроші, трави лікувальні... Усе цінне.

— Цікаво-цікаво... А звідки ти все це знаєш? — спитав Браян.

— Читав... Коли я знайшов ту книжечку, то перечитав усі дідові книжки про козаків. А в нього там багато різного...

Беатріс не могла чекати й витрачати час на балачки. Вона розв'язала мотузку й дістала з капшука два маленькі предмети.

— О, сережка! — сказала вона. На долоні в дівчини й справді блиснула золота сережка. — Ти говорив, що жінок серед козаків не було...

— Справді, не було. Це хлопці носили.

— Гм, модні були ці козаки, — сказала Беатріс. — Е-е, а це що за дивна штуковина?

скри́ня – chest
згоря́ти – to burn down
нетерпі́ння – impatience
набли́ження – approaching
по́ки – meanwhile
замо́к – lock
сі́сти на колі́на – to kneel down
поверну́ти – to turn
заскрегота́ти – to (begin to) squeak
тремті́ти – to tremble
скрип – squeak
па́хло си́рістю – it smelled damp
мішо́к – sack
схо́жий на – resembling

гамане́ць – wallet
затя́гнутий – tightened
моту́зка – rope
захо́плено – with enthusiasm
лікува́льні тра́ви – healing herbs
ці́нний – valuable
розв'яза́ти – to untie
перечита́ти – he read over (again)
витрача́ти час на балачки́ – to waste time on chatting
бли́снути – to shine, to sparkle
штуко́вина – thingummy, thing (spoken)

ПОВЕРНУВ ЧИ ПОВЕРНУВСЯ?

Пам'ятаєте? Ключ повернувся в замку.
Повернутися – to turn (oneself)/to come back
Повернути – to turn (про дорогу, транспорт, кермо, предмет).
Беатріс повернула ключ. Ключ у замку повернувся.
Поставте дієслово «повернути» чи «повернутися» у потрібній формі:

① Бабуся Беатріс _____ кермо праворуч.

② Машина _____ праворуч.

③ Дорога _____ ліворуч і через деякий час перетворилася на стежку.

④ Ключ _____ в замку легко.

⑤ Роман _____ додому о сьомій.

⑥ Іванка _____ до мене й почала говорити.

⑦ Він _____, – сказала Наталка про свого кота. – Я за нього не хвилююся.

⑧ Вона _____ до дзеркала спиною, щоб подивитися на нові джинси з усіх боків.

⑨ «Я _____ за годину!» – сказала я секретарці й вирушила на зустріч.

РОЗДІЛ 2

ДИВНА ШТУКОВИНА

У капшуку й справді лежала дивна річ. Браян взяв її в руки й почав розглядати. То був закручений керамічний предмет коричневого кольору.

— Це козацька люлька, – пояснив Мирослав. – Ну, знаєте, щоб курити?

— Ага, ясно... – сказав Браян. – Сюди кладеш цей... як його... тобакко?

— Тютюн, – підказав Мирось.

— Сюди кладеш тютюн, – Браян показав на дірку вгорі люльки, – потім запалюєш... І куриш. Сюди ще треба трубочку вставити.

— Як ти добре все знаєш, – скоса поглянула Беатріс. – Ти що, куриш? Ех, я так і знала! Ці ваші індіанські традиції... Люлька миру і все таке...

— Та ну тебе! Не курю я... – обурився Браян. – Я спортсмен! Це не для мене. Мені потрібні здорові легені...

ЗОЛОТА СЕРЕЖКА

КОЗАЦЬКА ЛЮЛЬКА

КАПШУК

КОЗАЦЬКІ СКАРБИ

— А звідки тоді стільки про це знаєш?
— Мій дядько Енді має таку люльку. Я бачив, як він це робить, от і все.
— Гей, заспокойтеся! — сказав Мирось. — Ми маємо бути друзями! Ви не забули?
— Так-так, вибач... А з чого вона зроблена, ця люлька? — спитала Беатріс.
— Це червона глина, — відповів Мирось і посвітив на неї ліхтариком.

Тепер усі чітко побачили на люльці виліплену голову вовка, що хитро дивилася на них. А збоку — дві літери: «С. В.»

розгляда́ти – look thoroughly
керамі́чний – ceramic
лю́лька – pipe
кури́ти – to smoke
тютю́н – tobacco

запа́лювати – to light up
вста́вити тру́бочку – to insert a tube
Я так і зна́ла! – I knew it!
Та ну тебе́! – Come on!

леге́ні – lungs
заспоко́їтися – to calm down
гли́на – clay

ви́ліплений – moulded
хи́тро – slyly
лі́тера – letter

ІЗ ЧОГО РОБЛЯТЬ РЕЧІ?
Люлька була керамічна = з глини (з + родовий відмінок)
Які ще бувають предмети?

① Металевий – з _____ (metal);
② Пластиковий – з _____ (plastic);
③ Дерев'яний – з _____ (wooden);
④ Шкіряний – зі _____ (leather);
⑤ Кам'яний – з _____ (stone);
⑥ Гумовий – з _____ (rubber);
⑦ Скляний – зі _____ (glass);
⑧ Порцеляновий – з _____ (porcelain).

РОЗДІЛ 3

СОННЕ ЦАРСТВО

Була восьма ранку – не дуже рано для села Вишеньки. За столом сиділи бабуся Галя та дід Петро. І все. Більше ніхто не приходив снідати. Сиділи так п'ять хвилин, десять, п'ятнадцять... Потім дід не витримав:

— Піду скажу, хай ці ледацюги-хлопці встають!

— Точно! – підтримала бабуся. – А я піду будити Беатріс. Бо куди це годиться?

І хлопці, і дівчина зовсім не заперечували:

— Так-так, уже йдемо... уже встаємо...

І справді, скоро вони припленталися до столу. Проте такими сонними баба з дідом їх ще ніколи не бачили.

— Ну, які у вас плани на сьогодні? — почав дідусь. — Бо у нас — наполеонівські!

— Ми з Петром плануємо поїхати за село на пікнік... Поїдемо з Миколою, на його возі. Там так гарно! Будемо відпочивати, співати пісень... Увечері вогонь розпалимо. Беатріс, навчиш нас якусь іспанську пісню співати? — завзято продовжила бабуся. — І треба взяти з собою ту твою диво-палку, селфі, чи як ти кажеш? Я покажу в інтернеті, як я співаю...

— Добре-добре... — відповіла Беатріс і ледве не впала носом у чашку. Її встиг зловити за плечі Браян.

— А ти, Браяне, якусь пісню знаєш? Які там у вас пісні?

Браян почухав голову. Він думав-думав... і раптом заснув. Мирослав штрикнув Браяна ліктем, і хлопець підняв голову.

— Ти був скаутом! — згадала бабуся. — Що ви там співали ввечері біля вогнища? Може, ми сьогодні разом заспіваємо?

— Ага, співали... — бурмотів Браян. — Ну, наприклад, ми співали ось це:

>The other day
>I met a bear
>Up in the woods,
>Away up there!
>He said to me:
>Why don't you run?
>I see you don't
>Have any gun...

Бідний Браян не співав, а ледь промовляв слова пісні. А потім знову тихенько захропів.

Мирослав знову штовхнув друга ліктем.

— Ой, а що це значить? — не вгавала бабуся.

— Це... — хотів допомогти Мирось, але у нього самого перед очима були зелені кола, ведмеді, вовки, козаки, і він сам не знав, що ще. — «Одного дня зустрів я ведмедя... у лісі...»

— Ой лишенько! — вигукнула пані Галя.

Браян прокинувся. Беатріс теж дивилася навколо й не розуміла, де вона.

— «Він спитав мене: чому ти не тікаєш? У тебе нема рушниці...» – продовжив Мирось з останніх сил. Язик у нього плутався.

— Хто спитав?

— Ведмідь, – пояснив дідусь.

— Ну гаразд, – сказала бабуся, – досить пісень. Я бачу, ви погано спали? Гуляли цілу ніч? То відпочиньте сьогодні, не їдьте з нами.

— Ні-ні, ми поїдемо, поїдемо і співати будемо... – кволо відповіла Беатріс і засопіла на плечі Браяна.

— Саме так... – підтримав хлопець і теж заплющив очі.

Мирось сидів мовчки й тримав очі руками, щоб вони не заплющувалися.

— Гм... Сонне царство! – сказав дідусь. – Ходімо, Галю.

со́нне ца́рство – the land of Nod (literally: sleepy kingdom) (idiom)
ви́тримати – to bear, to stand
ледацю́ги – lazybones
підтри́мати – to support
буди́ти – to wake somebody up
Куди́ це годи́ться? – It's no good.
запере́чувати – to deny
приплє́нтатися – they come trudging
наполео́нівські пла́ни – ambitious plans (literally: Napoleon's plans) (idiom)
пікні́к – picnic
розпали́ти вого́нь – to make a fire
завзя́то – with enthusiasm
ди́во-па́лка – miraculous stick

штрикну́ти лі́ктем – to push with an elbow
во́гнище – fire
ледь – barely, hardly
промовля́ти – to utter
не вгава́ла бабу́ся – grandma wouldn't stop
Ой ли́шенько! – Oh dear!
рушни́ця – gun
з оста́нніх сил – in a last-ditch effort
язи́к у ньо́го плу́тався – he slurred his words
кво́ло – weakly
засопі́ти – she started snuffling
заплю́щити о́чі – to close one's eyes
заплю́щуватися – to close (about eyes)

⚠️ ПОГОВОРИМО ПРО СОН...

Хропіти – to snore
Заплющувати очі – to close one's eyes
Снитися – to appear in one's dreams (йому снилася Беатріс)
Сон – dreaming, sleeping/dream

Вставте слово чи словосполучення, що підходить. Користуйтеся словами вище:

Лекція з політології була дуже цікава. На початку. Проте через годину я почув, що Василь поруч 1) _____ . Я відчув, що в мене 2) _____ . Мені 3) _____ пляж і тепле море. Класний був 4) _____ . Шкода, що лекція закінчилася, і я був змушений залишити мій чудовий пляж.

РОЗДІЛ 4

ПЛЯШКА КАВИ

Беатріс, Браян і Мирослав повільно тинялися подвір'ям. Їхні ноги ледве слухалися. Беатріс була не в найкращій формі: вона була одягнена в старі джинси, велику білу футболку, а під рукою тримала дволітрову пляшку. Там булькало щось бурого кольору.

— Це вино? – тихо спитав Мирось. – Іспанське?
— Та ні, – відповіла дівчина. – Не вино.
— А що?
— Кава...
— Дай і мені, – попросив він.
— Не дам... Я без неї не зможу, а ти все вип'єш...

— Скільки ложок кави ти туди поклала? – запитав Браян.
— Та ложок десять.
Раптом їхню розмову перервала бабуся:
— От дідько! Знову ці кляті кури до Одарки побігли! Я вже не можу! За що мені ця кара Божа? Біда, а не кури! А ви чому стоїте? – звернулася вона до сонної компанії. – Ви ж молоденькі, вам простіше, ніж мені... Хлопці, не стійте, ловіть курей! От же ж нахаби! Три дні їсти вам не дам! – це вже було до курей. – Чули мене?

Нічого робити – хлопці пошкандибали на город до сусідки. Та кури наче насміхаються: стоять-стоять, а щойно Браян чи Мирось підійде – тікають і далі собі дзьобають сусідські огірки.

Беатріс знесилено поставила пляшку кави на землю й похилилася на паркан. Як вона хотіла спати! Дівчина запхала руки в кишені джинсів. Аж тут її палець щось вкололо...

тинятися – to wander, to roam
слухатися – to obey
не в найкращій формі – not in one's best shape
дволітрова пляшка – two-liter bottle
булькати – to gurgle, to bubble
бурий – brown
випити – to drink
та ложок десять – around ten spoons
перервати – to interrupt
кляті кури – damn hens
За що мені ця кара божа? – Why do I have this divine punishment?
звернутися до – to address

Біда, а не кури! – These hens are a disaster!
молоденький – pretty young
вам простіше – it's easier for you
ловити – to catch
нахаба – impudent fellow
нічого робити – there's nothing to do (idiom)
пошкандибати – to hobble
насміхатися з – to make fun of
щойно – as soon as
дзьобати – to peck
знесилено – exhaustedly
похилитися на – to lean on
запхати – to put
аж тут – suddenly
вколоти – to prick

СТАРЕНЬКІ Й МОЛОДЕНЬКІ

Напевно, ви вже не раз бачили й чули слова з **-еньк**: маленький, дорогенький. **Це пестливі слова (diminutives).** Суфікс **-еньк** показує любов, ласку чи жаль.

You have already seen the words with the **-еньк** suffix. They are so called diminutives ("loving words"). By using them we show our attitude to an object or a person. It's pretty for us, we like it. Diminutives are often used in spoken language.

Дитина маленька, гості дорогенькі. Тут бабуся каже: «Ви молоденькі!»

Вставте слово з -еньк в потрібній формі:

Маленький, зелененький, старенький, гарненький, дорогенький.

❶ «Алло, привіт, _____! Чую тебе добре, а ти мене?»

❷ Дві 1) _____ бабусі сиділи на лавці й говорили про життя. На колінах в однієї з них сиділо 2) _____ чорне кошеня.

❸ «Покажи фото своєї дівчини! – Андрій попросив. – _____!»

❹ Бабуся Галя вийшла поливати огірки: «Доброго ранку, мої _____!»

РОЗДІЛ 5

ДИВО НОМЕР ОДИН

– Ой! – вигукнула Беатріс. – Що це таке?

То виявилась золота сережка, яку вони знайшли в старій скрині. Кожен тримав у себе один із предметів: Тріс – цю сережку, Мирослав – капшук, а Браян – люльку.

— Гарненька, — мовила вона. Потім заглянула в дзеркальце (а без нього Беатріс нікуди не ходила) і наділа сережку на праве вухо. Сережка їй дуже личила. – Клас, несиметричність – це зараз модно, – сказала собі Тріс.

— Дивись-дивись, зараз він підійде, а я втечу… — почула вона тоненький голосок.

Тріс обернулася, та нікого не побачила. Тим часом одна курка стояла просто перед носом у Браяна. І тільки він нахилився, вона відскочила вбік.

— Ха-ха-ха, хі-хі-хі, ой, не можу! – почулося декілька голосів водночас.

— Ох і смішні ці хлопці! А тепер моя черга, дівчата! Дивіться! Я зараз малого перехитрую.

Інша курка повернулася до Мирослава хвостом і стала дзьобати великий зелений огірок. Хлопчик підходив до неї тихенько. Коли вже від його руки до курки залишався міліметр, вона відстрибнула вбік. А Беатріс знову почула сміх.

— Ха-ха-ха, оце тобі вдалося! Ну, дівчата, давно ми так не розважалися!

ЯК ІНОЗЕМЦІ КОЗАКА РЯТУВАЛИ

Беатріс крутила головою на всі боки, але нікого навколо не бачила.

— Це що, кури говорять? Мабуть, галюцинації через брак сну... — подумала вона.

— Ой, дівчата, вони оце не знають, що з нами треба лягати і з нами вставати!

— Не з вами, а з нами, з півнями. З курми лягай, з півнями вставай! — проголосив поважно півень Гаврило.

— Ти що, говориш? — вголос сказала Беатріс.

— А що? — зиркнув на неї півень. — Ех, ці люди... Поки порозумієшся, так рак на горі свисне.

Тріс взялася за своє вухо. «Характерники розуміли тварин...» — згадала вона. Невже це правда? Дівчина швидко зняла сережку. Знову навколо було тільки «ко-ко-ко» та «кудкудак». Тріс повернула сережку на вухо. Тепер уже кури сміялися й кепкували з хлопців, наче якісь тітоньки на базарі. Он воно що!

— Слухай, Гавриле, — сказала Беатріс півневі. — А ти можеш курей попросити, щоб вони пішли назад?

— Можу, я тут головний, — поважно відповів Гаврило. — Тільки що мені за це буде?

— А що ти любиш?

— Найбільше я люблю буряк.

— Буде тобі буряк, тільки попроси їх вийти з городу Одарки... Півень зиркнув на Тріс, а тоді вигукнув:

— Гей, дівчата! Красуні кабаре! Швиденько додому! У нас ділова угода. Ви повертаєтесь — ми отримуємо буряк.

— О, добре! Юху! — закудкудакали кури у відповідь.

А потім кури рядочком, одна за одною, повернулися на подвір'я бабусі з дідом. У всіх щелепи відвисли аж до землі, а Беатріс хитро усміхалася. Ось яка вона, козацька сережка!

ди́во — miracle
гарне́нький — pretty
загляну́ти — to look
люсте́рко — little mirror
наді́ти — to put on (jewelry)
ли́чити — to suit
несиметри́чність — non-symmetry

тоне́нький голосо́к – thin voice
оберну́тися – to look back
нахили́тися – to bend
відско́чити – to jump away
моя́ че́рга – my turn
водноча́с – at the same time
перехитрува́ти – to outwit, to outsmart
Оце́ тобі́ вдало́ся! – You did really well! (irony)
розважа́тися – to have fun
галюцина́ція – hallucination
брак – lack
з ку́рми ляга́й, з пі́внями встава́й – go to bed with the lamb and rise with the lark (literally: go to bed with hens and rise with roosters) (idiom)

проголоси́ти – to declare
вго́лос – aloud
зи́ркнути – to glance
порозумі́тися – to come to a mutual understanding
рак на горі́ сви́сне – pigs will fly (literally: crayfish will whistle on the mountain) (idiom)
Невже́ це пра́вда? – Is it true?
кепкува́ти з... – to mock sb
ті́тоньки на база́рі – village women on a marketplace
красу́ні кабаре́ – cabaret girls
ділова́ уго́да – business agreement
щеле́пи у всіх відви́сли аж до землі́ – everyone's jaws dropped

БЕАТРІС ЛИЧИТЬ УСЕ

Щось комусь личить або пасує – something suits somebody
Сережка личила (пасувалА Беатріс. – The earring suited Beatrice.
Тобі це личить! = Тобі це пасує! – It suits you!
Тут нам потрібен давальний відмінок:
Кому? Чому?

Поставте слово у потрібну форму:

❶ Кольорові шкарпетки личили _____ (агент СІА).

❷ Червона сукня личить _____ (я) більше, ніж біла. А _____ (ти) личить блакитна.

❸ «_____(ви) личить роль пілота», – сказав продюсер і оглянув мене пильним поглядом.

❹ _____(ОльгА ці штани зовсім не пасують. Вони якісь дуже широкі, а вона така худенька...

РОЗДІЛ 6

НЕВДАЛИЙ ПІКНІК

— До від'їзду п'ять хвилин! — оголосив дід Петро.

Настав вечір. Усі вже збиралися їхати на пікнік за село. Це мала бути романтична прогулянка. Їхали не автобусом, не машиною і навіть не велосипедами. Сьогодні, як ви пам'ятаєте, усіх забрало інше «таксі»: дядько Микола, його віз і кінь Сіряк.

Сонце, як велика диня, сховалося за горизонт. Усе навколо було ніжно-помаранчеве. Микола з дідусем розпалили вогонь і почали нанизувати на палиці сало, сосиски, цибулю, перець і баклажани. Проте молодша частина компанії не звертала уваги ні на їжу, ні на вогонь.

— Ну що це ви такі кислі? Заспіваймо якусь пісню... — запропонувала бабуся. — Може, цю?

> Дівка в сінях стояла,
> На козака моргала:
> Ти, козаче, ходи,
> Мене вірно люби,
> Серце моє, серденько!
> Як до тебе...

— Ану, помагайте!

> Як до тебе ходити, тебе вірно любити,
> В тебе мати лиха, в тебе мати лиха,
> Серце моє, серденько.
> Мами вдома не буде,
> На базар вона піде...

Беатріс із підозрою подивилася на бабусю:

— Що це за козак такий? Боягуз! Я такого співати не буду.

— Так про це ж і пісня! Вона смішна! — казала пані Галя. — Він там каже: «В тебе батько лихий, собаки лихі, миші лихі».

— Миші?

— Ага, миші.

— І це називається козак?

— Так це ж для сміху! Ти не розумієш, дорогенька, — і бабуся заспівала останній куплет:

> Тьху, згинь, пропади
> та й до мене не ходи,
> цур тобі пек!

Беатріс нічого не відповіла, а лише випила кави з пляшки. Мирось хропів на ряднині, а Браян сидів мовчки й дивився перед собою. Дід з Миколою перезирнулися.

— Так, щось мені підказує, що хтось не ночував удома, — сказала раптом пані Галя. Браян упізнав бабусин погляд детектива.

«Це вже небезпечно, — подумав він. — Ще трохи, і бабуся все зрозуміє. Тоді будуть сміятися з нас або скарб заберуть. Ні, краще зберегти нашу таємницю. Скарб... а де він, до речі? Ага, моя люлька тут», — хлопець поклав руку на сумку на поясі.

— Ні, ми зовсім не хочемо спати. У нас повно сил! — Браян поволі встав. — Ось погляньте. Ніхто не спить. І я не сплю. Піду подивлюся на красу природи... Бачите, я зовсім не втомився, — сказав хлопець і почав ходити та роззиратися.

— Щось він ходить, як робот, — прошепотів Микола.

А в Браяна тим часом з'явилася ідея: спробувати люльку в дії. Він відійшов від багаття, кинув у люльку трохи трави й припалив паличкою, на якій ще досі була сосиска. З люльки повалив дим.

— Ви на дискотеку ходили, так? То ж не дискотека, а дурдом! Там не грають нормальних пісень, — продовжувала бабуся.

— Галю, що ти знаєш про нове покоління? — втрутився дід Петро.

— Дещо знаю. Наприклад, те, що вночі гуляти по дискотеках у нас небезпечно. Тут злодії і все таке. А ще мені цікаво, чому в нас посеред городу величезна яма...

невда́лий – unsuccessful
від'ї́зд – departure
ди́ня – melon (yellow)
горизо́нт – horizon
нани́зувати – to string on

бакла́жа́н – eggplant
Ну́ що ви такі́ ки́слі? – Why are you so sad? (literally: sour)
заспіва́ймо – let's sing

Ді́вка в сі́нях стоя́ла,
На козака́ морга́ла:
Ти, коза́че, ходи́,
Мене́ ві́рно люби́,
Се́рце моє́, се́рденько!
Як до те́бе ходи́ти, тебе́ ві́рно люби́ти,
В те́бе ма́ти лиха́, в те́бе ма́ти лиха́,
Се́рце моє́, се́рденько.
Ма́ми вдо́ма не бу́де,
На база́р вона́ піде́...

The girl was standing in the hall,
She was winking at the cossack:
Cossack, come to me
And love me faithfully,
My sweetheart.
How can I come to you? How can I love you faithfully?
Your mother is angry, your mother is angry,
My sweetheart
She won't be at home,
She'll go to the market...

Ану́, помага́йте! – Come on, help me!

з підо́зрою – with suspicion
купле́т – verse

Тьху, згинь, пропади́
Та й до ме́не не ходи́,
Цур тобі́ пек!

Get lost, disappear,
Don't come to me,
Damn you!

мо́вчки – silently
перезирну́тися – to catch one another's eye
ночува́ти – to spend a night
упізна́ти – to recognize
зберегти́ таємни́цю – to keep a secret
по́яс – belt
роззира́тися – to look around

ро́бот – robot
в ді́ї – in action, at work
бага́ття – fire
припали́ти – to light
до́сі – till now
повали́в дим – the smoke rose
дурдо́м – madhouse (spoken)
нове́ поколі́ння – new generation

злóдій – thief
посéред горóду – in the middle of the vegetable garden

величéзний – huge

ВЕЛИЧЕЗНА ЯМА

На городі була величезна яма.

Ми говорили про слова з суфіксом -еньк. Тепер у центрі уваги – суфікс **-езн**. Ми вживаємо його, коли **говоримо про щось велике й грубе.**

We have already talked about the suffix **-еньк**. Let's talk about **-езн**. We use it when talking about smth big and rough. (We think of a person or an object as too big, too long, too thick etc.)

Великий – величезний

Старий – старезний

Довгий – довжелезний

Товстий – товстелезний

Глибокий – глибочезний

Широкий – широчезний

Вставте слова, наведені вище:

Раніше в цьому 1) _____ будинку жила ще старша пані. Кажуть, що вона читала 2) _____ книжки та дивилася 3) _____ фільми. Тепер тут готель. Ми зупинилися лише на одну ніч. Кімната була 4) _____, а ліжко – 5) _____. На подвір'ї робітники викопали 6) _____ яму. Вони говорять, що хочуть провести інтернет, але я впевнений, що вони шукали скарби.

РОЗДІЛ 7

ДИВО НОМЕР ДВА

— Бачите, які вони сьогодні? Розмовляти не хочуть! Співати не хочуть! Працювати не хочуть! Тільки спати хочуть. На картоплі яма, ніби метро копали. І ключа від бібліотеки на місці немає. У мене є підозра, що Мирослав знову взявся за свої дурниці й шукав скарби. Це все дурня! Нісенітниця! Книжки нічого не знають про реальне життя. Ану зізнавайтеся: що ви робили вночі? — і бабуся поклала руку на плече Браяна.

Він того не чекав, бо стояв спиною до вогню. З несподіванки хлопець різко повернувся, і дим з люльки пішов бабі Галі в обличчя. Та голосно закашлялася.

— Та що це таке?!
— Ой, вибачте, я не навмисно! — почав Браян.
— Нічого, дорогенький, — раптом усміхнулася бабуся. — Так от... Що я, власне, хотіла сказати? Забула. Мабуть, щоб ти пішов взяв собі ще один смажений помідорчик. Бери, дорогенький, бо я не знаю, що там у вас у Мічигані росте... І знаєш, — замріяно сказала вона й сіла на рядину, — я й сама хочу поїхати кудись. А ще краще — працювати суперагентом. Я думаю, у мене до того вроджений талант. Ти знаєш, дорогенький, я так хотіла мати свій мотоцикл. У мене є один, але він старий, а я хочу новий, модель Harley-Davidson Iron 1200. Ох, щось і мені лягти захотілося.... Так от, мені треба мотоцикл. Я на тому мотоциклі могла б ловити злочинців. Я б за це отримала медаль. І тоді всі знали б, що людина в моєму віці — цінний спеціаліст! Не треба мені вашої пенсії!

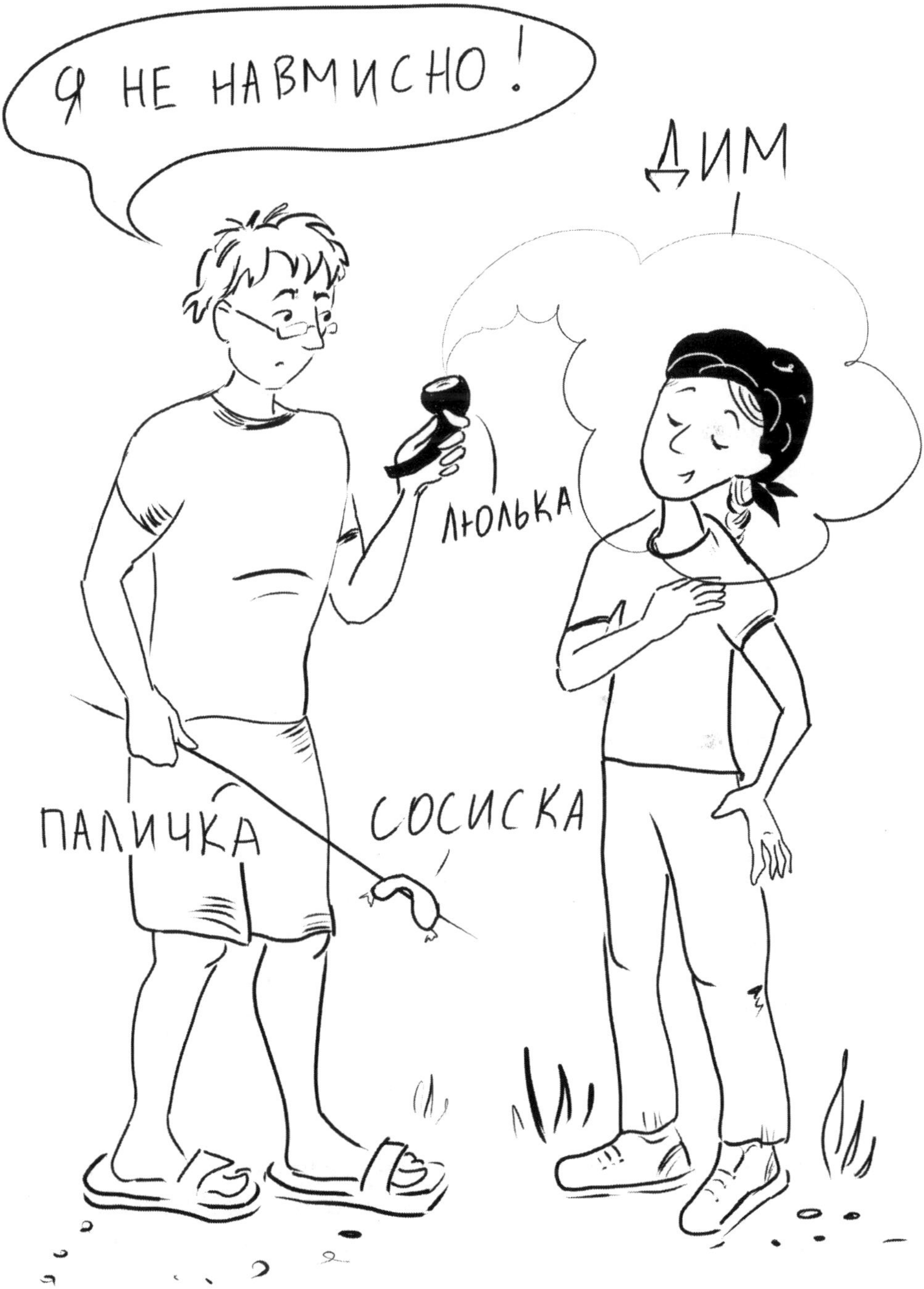
Я НЕ НАВМИСНО!
ДИМ
ЛЮЛЬКА
ПАЛИЧКА
СОСИСКА

Я хочу працювать, працювати... Як писала Леся Українка: «Як я люблю оці години праці, коли усе навколо завмира...» Ти знаєш Лесю Українку? Сильна жінка. Жінки в Україні завжди були сильними. А як у вас в Мічигані?

— У нас теж... — відповів ошелешений Браян.

Микола та Петро, які теж ковтнули диму з люльки, щосили хропіли на ряднині й свистіли носами. Бабуся за хвилинку приєдналася до них. А Тріс і Мирослав, навпаки, проснулись.

— Це все твоя люлька, — прошепотіла Беатріс тихо, щоб не розбудити трійку.

— Ага, «наводить ману», — підтвердив Мирослав. — Точно, як у книжці написано. А отже, скарби справжні. Тепер вірите мені?

Браян і Тріс закивали.

взя́тися за дурни́ці – to start messing around
нісені́тниця – nonsense
зізнава́тися – to confess
несподі́ванка – surprise, something unexpected
рі́зко – abruptly
зака́шлятися – to start coughing
навми́сно – on purpose
вла́сне – actually
помідо́рчик – little tomato (diminutive from «помідо́р»)
замрі́яно – dreamily
вро́джений тала́нт – natural talent
мотоци́кл – motorcycle

Щось лягти́ захоті́лося... – I'm kind of sleepy / I kind of wish to lie down...
злочи́нець – criminal
Я б отри́мала... – I would have received....
Всі зна́ли б... – Everyone would have known...
ці́нний спеціалі́ст – valuable specialist
пе́нсія – pension
ошелі́шений – startled
ковтну́ти – to swallow
щосили – at full strength
трі́йка – group of three
наво́дити ма́ну – to pull the wool over sb's eyes
закива́ти – to start nodding

ОБЕРІТЬ ПРАВИЛЬНУ ВІДПОВІДЬ:

1. Чому бабуся називала книжку про скарби дурницею?
   - **А** Вона думала, що книжки нічого не знають про реальне життя
   - **Б** Вона думала, що скарб шукати дуже небезпечно
   - **В** Вона думала, що сусіди будуть сміятися, якщо вона шукатиме на городі скарб

2. Про що мріяла бабуся?
   - **А** Знайти скарби
   - **Б** Поїхати в навколосвітню подорож
   - **В** Бути суперагенткою

3. Чому Микола та Петро заснули?
   - **А** Тому що цілу ніч танцювали на дискотеці
   - **Б** Тому що вони ковтнули диму з магічної люльки
   - **В** Тому що на пікніку було дуже нудно

РОЗДІЛ 8

ДИВО НОМЕР ТРИ

— Ну а в мене що? Що ти вмієш?

Мирось нетерпляче крутив у руках капшук. Він потрусив його, подмухав у нього, надів на палець – але нічого не сталося.

— Поки нічого не ясно, але скоро я все зрозумію, – сказав він.

Наступного дня під час «сієсти» Мирось пішов по морозиво в сільську крамничку.

— Добрий день! Мені три морозива, будь ласка. Оці.

— Ага... — відповіла тітка Тетяна. — Бананове, полуничне, ванільне... Сорок шість гривень.

— Будь ласка.

— Дякую, — тітка Тетяна трохи подзенькала монетами й простягла хлопцеві: — Твоя решта.

— Дякую.

— Модний гаманець у тебе. Під старовину. Мій сват таке на замовлення шиє, — зауважила вона й кивнула на капшук, який Мирось застромив собі за пояс.

— А, це? Так... — і він, щоб не викликати підозр, кинув чотири гривні в капшук.

За п'ятнадцять хвилин друзі вже наминали морозиво під вишнею.

— Ну що, зрозумів уже, що робить твій скарб? — спитав Браян.

— Поки ні.

— Ану дай я, — попросила Тріс. — Подумаймо, що з ним можна зробити.

— Ну добре, — Мирось простягнув їй старовинний гаманець.

Тріс витрусила з нього монети на долоню, дала Миросеві й почала крутити в руках капшук.

— Чекайте! — раптом вигукнув хлопчик. — Тут вісім гривень.

— І що?

— Я клав чотири.

— Ану поклади вісім.

Так і зробили. А з капшука висипалися шістнадцять гривень монетами.

— Твій гаманець подвоює предмети... Цікаво, це працює тільки з грішми? — почухав потилицю Браян.

— Ой, мені дещо треба! Перевірмо! — вигукнула Тріс.

Вона побігла в хату й прийшла з помадою «Багряна спокуса». Поклала її в капшук. За хвилинку з нього випали дві однакові помади.

— Вау! — сказала вона. — А можна ще туш?

— Давай туш.

Туш також подвоїлась.

потруси́ти – to shake (perfective)
подму́хати – to blow (perfective)
зрозумі́ти – to understand
подзе́нькати – to tinkle (perfective)
ре́шта – change
під старовину́ – fake old
сват – father of a son-(daughter-)in-law
ши́ти – to sew
на замо́влення – to order
виклика́ти підо́зри – to arouse suspicion
по́ки – yet

ви́трусити – to shake out, to empty
доло́ня – palm
покла́сти – to put
ви́сипатися – to pour out
подво́ювати – to double
пома́да «Багря́на споку́са» – lipstick «Purple temptation»
ви́пасти – to fall out, to drop out
одна́ковий – same, similar
туш – mascara
подво́їтися – to double oneself

ЯК ПРАЦЮЄ ПРЕФІКС ПО-

Погляньте, як утворюються слова з префіксом по-:

Дзенькати – to tickle (imperfective)
Подзенькати – to tickle a little bit and stop (perfective)
Трусити – потрусити
Дмухати – подмухати
Стрибати – пострибати
Бігати – побігати
Їсти – поїсти

Вставте дієслова в речення:

побігали, поїла, потрусив, подзенькав, помахала

❶ Ми сьогодні вже _____, тому йогу робити не будемо.

❷ Ти вже _____ чи ще ні?

❸ Я помітила друга у вікні автобуса й _____ йому рукою.

4 Бармен _____ монетами й простягнув мені решту.

5 Андрій _____ сусіда по кімнаті за плече, але той міцно спав.

РОЗДІЛ 9

ПРО ЩО ДУМАЮТЬ КУРИ?

Беатріс було нудно. Вона сиділа на дровах під сараєм і гралася капшуком. У неї вже було п'ять помад, але все одно було нецікаво. Якби ж зробити нові комбінації! А так – все однакове. Нудно. У вусі блищала золота сережка. Тріс нафарбувала губи й поглянула у своє люстерко.

— Ох, чому ти це робиш? Це так незручно, – сказала курка.

— Ти про що? – спитала Беатріс.

— Про це, – курка глипнула на помаду. – Як ти будеш їсти?

— Нормально.

— Земля прилипне.

— Не прилипне, я їм виделкою. Я цивілізована людина. А взагалі, я хочу бути привабливою, принаймні для Браяна.

— Для Браяна? Зрозуміло... А де всі інші? – озвався півень.

— Які інші?

— Ну, інші дівчата. От у мене, наприклад, п'ятнадцять подруг! – гордо сказав півень Гаврило. – А ти тільки одна-однісінька. Куди це годиться?

— Що за дурниці! – вигукнула Тріс. – Не треба мені інші! І йому теж не треба! Ми люди, а не кури!

— Ох, ну ясно. Так що там у вас в Іспанії? Як там іспанські кури? — сказала курка. — Літають?

— Ні, наші теж не літають. Просто живуть собі... Як і ви.

— А я так хочу кудись полетіти! — додала інша курка.

— Думай раціонально, — озвався Гаврило. — Нещодавно Галюся хотіла з ластівками полетіти, місяць збирала додаткове пір'я.

— І що?

— І нічого. Прийшла назад. Сказала, що пролетіла тільки до ставка. А там іти довелося. Три дні додому йшла! Навіщо таке життя?

— Еге ж, навіщо, — додав раптом хтось. — Вона була не пр-р-ристосована до польотів. Не тр-р-реба лізти в небезпеку... До р-р-речі, Тр-р-ріс, є р-р-розмова.

Тут Беатріс помітила сірого кота. Він був нічий: не був ні бабусин, ні сусідський — ходив по селу сам, куди хотів.

— Я кіт, вільна твар-р-рина, — продовжив він. — Багато бачу. Так от, дор-р-рогенька, ви не одні знаєте пр-р-ро скар-р-рби козака-хар-рактер-р-ника. Пр-р-ро них знають ще й бандити — Толік і Валік. Я їх бачив у кущах.

— Що?! Та звідки їм знати? — не повірила Тріс. — Ми нікого не бачили!

— Ви ні. А я бачив.

— Де?

— У кущі калини. Вони там сиділи і все слухали. Кор-р-ротше. Це не моя спр-р-рава, але будьте обер-р-режні. Вони дуже хитр-р-рі і непр-р-риємні дядьки, — завершив кіт, змахнув хвостом і здимів у невідомому напрямку.

Беатрі́с було́ ну́дно. – Beatris was bored.
сара́й – barn
гра́тися – to play
Якби́ ж... – If only...

нафарбува́ти гу́би – to put on lipstick
незру́чно – uncomfortable
гли́пнути – to take a look (spoken)
прили́пнути – to stick

цивілізо́вана люди́на – civilized person
взагалі́ – in general
прива́бливий – attractive
прина́ймні – at least
одна́-одні́сінька – the only one, sole
ду́мати раціона́льно – to think rationally
нещода́вно – recently
ла́стівка – swallow
додатко́вий – additional
пролеті́ти до ставка́ – to fly to the pond
не пристосо́ваний до польо́тів – not adapted to fly

полі́т – flight
банди́т – bandit
кали́на – guelder rose
коро́тше – to cut a long story short
Це не моя́ спра́ва. – This is none of my business.
Бу́дьте обере́жні! – Be careful!
неприє́мні дядьки́ – unpleasant guys
змахну́ти хвосто́м – to wave one's tail
здимі́ти – to vanish (literally: to disappear like smoke) (spoken)

ОБЕРІТЬ ПРАВИЛЬНУ ВІДПОВІДЬ:

1. Чому Тріс не раділа, коли мала вже п'ять помад?
   - **А** Бо вони були однакові
   - **Б** Бо це були не дуже модні відтінки
   - **В** Бо помада набридла Беатріс, вона хотіла блиск для губ

2. Як курка Галюся долетіла до ставка?
   - **А** Вона місяць тренувалася літати
   - **Б** Вона місяць збирала додаткове пір'я
   - **В** Вона уклала угоду з ластівками

3. Що думав півень Гаврило про польоти курей?
   - **А** Що це небезпечно
   - **Б** Що це нераціонально
   - **В** Що кури повинні літати

РОЗДІЛ 10

БІЛА ХМАРИНКА

Браян сьогодні ще робив досліди. Він не знав, чи виграє він стипендію для знавців ґрунту, але програма підходила до кінця. Скоро вже треба буде купувати квиток на літак... І летіти назад – у Сполучені Штати Америки.

А це далеко від України. І від Іспанії далеко. Тобто – далеко від Беатріс. Може, варто залишитися? Чи запросити її з собою? Беатріс інколи усміхалася йому привітно, а інколи ніби абсолютно не звертала на нього уваги. Що це значить? Жіночі штучки? Чи він для неї нецікавий? Браян усе думав і думав. Йому здавалося, що в голові кипить чайник.

Часу на те, щоб говорити про кохання, у них не було: то походи вночі, то робота, то досліди, то бабуся поруч, то малий... І раптом у голові в Браяна ніби засвітилася лампочка. «Придумав!»

Тріс збирала зразки землі на городах усіх сусідів. Зараз вона була в баби Марусі, яка не дуже добре чула. «От і чудово», – сказав собі Браян і теж пішов до баби Марусі.

– Добрий день, – привітався він, – у вас Беатріс?
– Хто поліз, куди поліз? – спитала бабуся.
Тоді Браян показав руками – довге волосся, фігура...
– А! Твоя подруга! Онде вона, на городі.

І хлопець пішов на город. Там тихенько підпалив зілля, що раніше поклав у люльку.

– Привіт, – сказав він.
– О, це ти? – відповіла Тріс роздратовано. – Не тупай мені тут! Я тут зразки беру! Стань убік. Ні, не туди. І не туди... Ні... краще взагалі відійди на три метри й не заважай...

У ту мить Беатріс огорнула хмарка білого диму.

— Кахи-кахи… І не… І не цей… — продовжувала вона. — Не залишай мене ніколи в житті! Ти зрозумів? Ох, Браяне, ти мій соколе… Не смій їхати в той Мічиган без мене! А якщо й поїдеш, то ніяких дівчат… Ясно тобі? Бо інакше отримаєш в мене! Ох… Що це я? Що це я таке кажу?.. Так слухай. Я тебе кохаю, Браяне. Кохаю, як… як там цей Вакарчук співає?

> Я так млію за тобою,
> Як ніколи ніхто не млів!
> Так ся дивлю за тобою,
> Що й не мушу казати слів…
> Так сумую за тобою,
> Як за волею в клітці птах…
> І чекаю, і не знаю,
> Чи ж то правда в твоїх очах?
> Я так хочу до тебе,
> Як до матері немовля!
> Я так хочу до тебе,
> Як до неба ота земля!
> Всі на світі бажання,
> Все, що маю, віддав би я,
> Тільки б кожного ранку
> Називати твоє ім'я…

Беатріс співала і співала. Вона танцювала просто по зразках ґрунту. Баба Маруся підспівувала (і як вона почула?). А Браян стояв і не знав, що говорити.

Дим розвіявся, біла хмаринка поступово зникла. Тріс на мить зупинилася, а потім сказала:

— Так, про що це я говорила? Ага, не стій на моїх зразках ґрунту. Відійди, окей? Так що ти хотів? Давай швидше, бо я, на відміну від деяких, працюю!

хмари́нка — little cloud
 (diminutive from **«хмара»**)
підхо́дити до кінця́ — to come to an end
залиши́тися — to stay

Сполу́чені Шта́ти Аме́рики — the United States of America
запроси́ти — to invite
приві́тно — friendly
абсолю́тно — at all

штýчки – things, stuff
Йомý здавáлося… – He had a feeling…
кипи́ть чáйник – kettle boils
то…, то… – either…, or…
ні́би засвіти́лася лáмпочка – as if a lamp lit up
зразóк – sample
полі́зти – to climb
фіґýра – figure
О́нде вонá… – There she is… (spoken)
підпали́ти – to light
зі́лля – grass, weed (here)

роздратóвано – crossly, with irritation
Не тýпай мені́ тут! – Don't walk here!
стáти убі́к – to step aside
відійти́ – to move away
заважáти – to disturb
огорнýти – to wrap
залишáти – to leave
сóкіл – falcon
Не смі́й… – Don't you dare…
нія́ких дівчáт – no girls
Бо інáкше отри́маєш в мéне! – Otherwise I will teach you a lesson!

Я так млі́ю за тобóю,
Як ніко́ли ніхтó не млів!
Так ся дивлю́ за тобóю,
Що й не мýшу казáти слів…

Так сумýю за тобóю,
Як за вóлею в клі́тці птах…
І чекáю, і не знáю,
Чи ж то прáвда в твої́х очáх?
Я так хóчу до тéбе,
Як до мáтері немовля́!
Я так хóчу до тéбе,
Як до нéба отá земля́!

Всі на сві́ті бажáння,
Все, що маю, віддáв би я,
Ті́льки б кóжного рáнку
Називáти твоє́ ім'я́…

I'm so much into you
Like nobody was before.
I am looking at you
In a way that I don't need to say a word.

I miss you so much,
Like the bird in the cage misses freedom…
I am waiting and I don't know
If there's truth in your eyes.
I just want to be with you so much
Like a baby wants to be with a mom.
I just want to be with you so much
Like the ground wants to be with the sky.

Every single wish,
All that I have I would give away
To wake up every morning
And just say your name.

підспі́вувати – to sing along
дим розві́явся – smoke disappeared
поступо́во – gradually

стоя́ти – to stand
дава́й шви́дше – come on / do it faster

ТО ОДНЕ, ТО ІНШЕ

Пам'ятаєте?

Часу на те, щоб говорити про кохання, у них не було: то походи вночі, то робота, то досліди, то бабуся поруч, то малий...

Ми говоримо про події, які відбуваються по черзі (in turns). «То» – це сполучник (conjunction).

Вставте в речення слова з «то»:

Катя / Таня / Галя

комп'ютер завис / каву вилив на штани / дощ мене намочив

енциклопедії / підручники з економіки / словники / інтернет-видання

червону сукню / білу футболку / сині джинси

❶ Беатріс у магазині міряла різний одяг:

то _____, то _____, то _____

❷ Щось мені не щастить сьогодні:

то _____, то _____, то _____

❸ Мирослав читає все, що можна:

то _____, то _____, то _____, то _____

❹ Щодня в нього якісь гості:

то _____, то _____, то _____

РОЗДІЛ 11

ТОЛІК І ВАЛІК ПОПРАЦЮВАТЬ

— Скажи, крутяк! — говорив у цей час Валік Толіку. Вони лежали в буряках і дивилися в бінокль на Тріс і Браяна.

— Це справді круто! Так можна банки грабувати.

— Так! Прийшов, дмухнув на тітку на касі — і вона тебе пропускає.

— Ага! Ги-ги. Або ще краще... Питаєш: який код доступу до сейфа з грошима? А вона така: «Що?! Зараз поліцію викличу... Кахи-кахи. Код доступу 290948».

— Я тобі кажу, ця люлька — це круто. Але торба — ще крутіше.

— Яка торба?

— Ну той, пакет козацький...

— А-а-а... Той, що в молокососа?

— Еге ж. Він речі штампує.

— Це все добре, тільки погано, що туди мало можна запхати. Малий він. «Мерс» чи «BMW» в пакет не покладеш! Було б круто таку велику торбу — як весь Національний банк...

— Тьху, ти, дурна голова! Головне не кількість, а якість! Уявляєш, скільки золотих обручок можна зробити?

— Так... Можна вкрасти одну — а тоді зробити їх хоч мільйон. Тільки трохи довго. Але воно того варте.

— Знаєш, що? Можна ще паспортів наштампувати. У нас з тобою заборона в'їзду в ЄС. Так от у Петра свиснемо паспорт — і готово. Він нічого не й помітить.

— А в нього є віза?

— Ти йолоп! Не треба вже ніяка віза! У нього немає заборони.
— А, ясно... А сережка нам треба чи ні?
— Треба-треба... Тільки поки не знаю, навіщо... А ти як думаєш?
— Ну, з котами, собаками балакати. Весело!
— Дурень ти! Нам це не треба...
— Може, воно може іноземні мови перекладати?
— Було б супер. Тоді нам не треба буде вчити ту довбану англійську, щоб поїхати на Багами.
— А Багами — це ЄС?
— Точно не знаю, де це. Але я чув, що це офшорний центр світу.
— Нам це підходить.
— Ну, все, годі балачок... До справи.

круті́к – cool (jargon)
біно́кль – binoculars
грабува́ти – to rob
банк – bank
дмухну́ти – to blow
ка́са – cash desk
пропуска́ти – to give sb way
код до́ступу – access code
сейф – safe
виклика́ти полі́цію – to call the police
то́рба – sack, bag
паке́т – plastic bag
молокосо́с – greenhorn (jargon, spoken)
штампува́ти – to make, to create (jargon)
Було́ б кру́то... – It would be cool...
тьху – ugh

головне́ – the main thing
кі́лькість – quantity
я́кість – quality
уявля́ти – to imagine
Але воно́ того́ ва́рте. – But it's worth it.
наштампува́ти – to make, to create (jargon)
заборо́на в'ї́зду в ЄС – ban on entry into the EU
сви́снути – to steal (jargon)
Було́ б су́пер. – It would be great.
до́вбана – freaking
офшо́рний – offshore
Нам це підхо́дить. – It is perfect for us.
го́ді балачо́к – enough talking

СВИСНЕМО ПАКЕТ У МОЛОКОСОСА

Толік і Валік вживають багато розмовних слів. Ми називаємо їх просторіччям.

Молокосос – хлопчик або хтось дуже молодий (ще «ссе молоко»). Це слово доволі грубе (rude).

Свиснути – вкрасти.

Балакати – розмовляти, говорити.

Ці два слова не такі грубі, вони просто розмовні (not so rude, just spoken).

Оберіть слово, що підходить за змістом. Не забудьте поставити його в потрібну форму:

хлопчик/молокосос, вкрасти/свиснути, говорити/балакати

1 «Ваш син – дуже обережний _____», – сказала батькові вихователька в дитсадку.

2 «Треба в _____ вкрасти козацький гаманець. А потім ще у баби Галі кілька курей треба _____», – говорили злодії.

3 У поліції кажуть, що з музею _____ картину Пікассо вартістю в сто мільйонів доларів.

4 «Ми з послом Шрі-Ланки _____ про нові контракти у сфері сільського господарства», – розповів пресі посол Філіппін.

5 Юля й Оля _____ до пізньої ночі.

РОЗДІЛ 12

УСЕ ЦЕ ПРАВДА

—Значить, усе це правда... – сказала Беатріс.
Був вечір. Спокійне небо огортало село, тихо шепотіли вишні. Троє друзів сиділи на горищі, дивилися на краєвид і розмовляли.

Сьогодні сонце було схоже не на помаранч і не на гарбуз, а на маленьку червону вишню, яка дозріла і впала. Кудись за горизонт.

— Отже, усі скарби діють. – сказала Тріс. – Я розумію тварин, капшук подвоює предмети, а люлька наводить дивний психічний стан. Змушує все розбовкати, а потім забути.

Браян посміхнувся.

— Це не смішно! – образилась Беатріс. – Це дуже серйозно!

— А я вам казав... – Мирось також був замислений.

— Це значить, що все про характерників – це правда. І про вовка – теж правда. Це нечесно, – зітхнула вона. – Ми отримали безкоштовно такі речі... А вони не наші! Вони належать йому, Северинові Вовку!

— Це правда, – погодився Браян.

— А він і досі бігає вовком по якомусь острову...

— По Хортиці, — уточнив Мирослав.

— Так. Бігає там і не знає, що його скарби вже на волі. Це не чесно, вам не здається?

— Мені ні, — відповів хлопчик. — Ми їх не просто так взяли. Ми працювали. Я організував усе, запланував...

Браян почухав голову.

— Так, це правда, але я теж думаю, що ця історія з вовком доволі сумна. Йому незручно їсти й спати.

— Він ніколи не зможе одягти улюблений одяг! — заплакала Беатріс. — Подивитися в дзеркало! Помитися в душі!

— Він і так мився в річці чи озері... — сказав Мирось. — Козаки не мали душу.

— Все одно... Ох, це так сумно!..

— Ну то що нам робити? — спитав Мирослав. — У нас немає виходу.

— Є! — рішуче відповів Браян і почав втирати сльози Беатріс. — Ми можемо поїхати на Хортицю, знайти вовка й перетворити його на чоловіка. А тоді побачимо. Ну як?

— Подорож? Мені подобається ця ідея! — Беатріс вже й забула, що плакала.

— Ну то як? — іноземні гості з надією дивилися на Мирослава. А він у своєму стилі сказав:

— Треба скласти план.

дозрíти – to ripen
дúвний психíчний стан – strange state of mind
змýшувати – to make sb do sth
розбóвкати – to blab (spoken)
замúслений – deep in thought
безкоштóвно – for free
належáти – to belong

на вóлі – free (вóля – freedom)
здаéться – it seems
прóсто так – without effort (here)
запланувáти – to plan
довóлі – enough
немáє вúходу – there's no way out, there is no choice
стиль – style

ЯКОСЬ КУДИСЬ ЧОМУСЬ...

Пам'ятаєте? Сонце впало кудись за горизонт.

Ми не знаємо, куди. Тоді кажемо «кудись» (somewhere, direction).

Ми не знаємо, хто. Тоді кажемо «хтось» (somebody).

Ми не знаємо, що. Тоді кажемо «щось» (something).

Ми не знаємо, де. Тоді кажемо «десь» (somewhere, place).

Ми не знаємо, як. Тоді кажемо «якось» (somehow).

Ми не знаємо, чому. Тоді кажемо «чомусь» (in some reason).

Вставте одне зі слів, які є вище.

Наприклад: У кущах <u>хтось</u> є – чуєш, як шелестить???

❶ Я не знаю, де конкретно вони відпочивають, але це _____ _____ в Азії.

❷ _____ зателефонував у наш офіс о третій, але ніхто не встиг відповісти. Цікаво, хто це був?

❸ Василь був дуже товстим для тої душової кабінки, але _____ _____ в неї заліз.

❹ Вони поїхали _____ на схід, але куди точно, не розповіли.

❺ Сьогодні вона _____ у поганому настрої. Не знаєш, чому?

❻ У моєму пилососі _____ застрягло – тепер він не працює.

РОЗДІЛ 13

ЯК ДІСТАТИСЯ ДО ХОРТИЦІ?

Друзі схилилися над картою.
— Ось Хортиця, — показав Мирослав на карті. — Як бачите, це острів на річці Дніпро.
— Яка це область?
— Запорізька. Головне місто області — Запоріжжя.
— Запорі... — почала Беатріс. — Чому це місто так називається?
Браян штовхнув її ліктем.
— Ти що, забула, козаки — це Військо Запорізьке. Мабуть, тому.
— А чому воно Запорізьке?
— Бо «за порогами», — пояснив Мирослав. — Пороги — це такі великі камені в річках. Вода там тече швидко, багато піни, знаєте... І за порогами була Січ. Тому Військо — Запорізьке, а місто — Запоріжжя.
— А ще є така стара машина — «Запорожець», правда?
— Так, але це вже історія... До речі, як ми поїдемо? Автобусом? Автостопом? — спитав Мирослав.
— Може, потягом? — запропонувала Тріс.
— Це не дуже зручно. Треба робити кілька пересадок.
— А знаєте що? — раптом сказав Браян. — Коли ми були скаутами, я багато плавав на каяках і човнах. Як ви думаєте, може, попливемо човном по річці? Ось річка Тясмин. По ній допливемо до Дніпра, а потім будемо пливти по ньому.
— Ой, як цікаво! Яка класна ідея! — заплескала в долоні Тріс.
— Але ж це буде повільно, — Мирослав засумнівався.
— Нічого, зате цікаво, — відповів Браян. — Ось дивись. Ми більше побачимо. Більше дізнаємось. Це і похід, і відпочинок, а в кінці, може, і добру справу зробимо. А якщо не знайдемо вовка, то все

одно будемо знати, що це все не було марно — принаймні в нас була цікава подорож.

— Клас! — сказала Тріс і цьомнула Браяна в щоку.

схили́тися над... – to bend over...
ка́рта – map
поро́ги – rapids
текти́ – to flow
пі́на – foam
ї́хати автосто́пом – to hitchhike
переса́дка – change, transfer
кая́к – kayak
попливти́ – to start sailing
пливти́ – to sail
допливти́ – to reach a place by sailing

запле́скати в доло́ні – to start clapping one's hands
кла́сний – cool
зате́ – on the other hand
от диви́сь – come on look...
поба́чити – to see
дізна́тися – to find out
знайти́ – to find
ма́рно – in vain
клас – cool (slang)
цьо́мнути в що́ку – to give a peck on the cheek (spoken)

ПОЇДЕМО АВТОСТОПОМ?

Коли говоримо про транспорт, нам треба орудний відмінок (чим?): автобусом, потягом. Можна «човном» і «на човні». А ще ми часто кажемо «на велосипеді».

Поставте слово у потрібну форму:

❶ Поїдемо до твоєї тітки _____ (потяг)?

❷ Ми їздили до Норвегії _____ (машина).

❸ Андрій доплив до Хортиці _____ (човен).

❹ Оля та Юля дісталися до Львова _____ (автостоп).

❺ Ти їздиш на роботу _____ (автобус) чи _____ (маршрутка)?

❻ У селі я їжджу до магазину _____ (велосипед).

РОЗДІЛ 14

ОТАМАН СІРКО

Беатріс чистила зуби надворі, уже в піжамі.
— Тут нічого цікавого. І тут нічого... А, ось і хробачок! Гам-гам, — говорили їжаки в траві.
«Забула зняти сережку», — подумала Тріс.
— Гей, почекай... — почула вона раптом знайомий голос.
— А, це ти, коте? Ну, як справи?
— Як спр-р-рава, так і зліва, — відповів сірий. — А в тебе як?
— Ой, у мене прекрасно. Ми їдемо на Хортицю! Не їдемо, а пливемо. На човні. Правда, круто?
— Кр-р-руто... Але р-р-рано ти р-р-радієш, сер-рденько. Є р-р-розмова.
— Чому це рано радію? Яка розмова?
— А така... Я вже казав, що пр-р-ро ці скар-р-рби знаєте не тільки ви. Ще пр-р-р-ро них знають бандити. Злодії. Погані хлопці. Дуже погані хлопці. Я за ними давно стежу. А вони, сер-р-рденько, стежать за вами. Це ті, з дискотеки...
— Толік і Валік?
— Саме так. Слухай уважно. Я бачив, як вони ховаються в бур-р-ряках і мор-р-кві. Вони в кур-рсі всього. І вже планують оці ваші р-р-речі вкр-р-расти.
— Дідько! — сказала Тріс. — Що робити?
— Р-р-раджу швидше змиватися з села р-р-разом зі скар-р-рбами й негайно шукати того вовка. Я спр-р-робую їх затр-р-римати.
— Гм... Гаразд. Скажу хлопцям, але вже завтра.
— Будьте готові захищатися! Прямо зар-р-раз! Уже сьогодні! — кіт шкрябнув дошку, на якій стояв умивальник.
— Ну, дякую тобі... як тебе там? У тебе є ім'я?

167

— Люди мене ніяк не назвали, — відповів кіт. — Але в мене є псевдонім. Отаман Сір-р-рко.

І кіт знову зник.

— Цікавий персонаж, — подумала Тріс. — Але прощатися не вміє.

Отама́н Сірко́ — otaman «The Grey», otaman – a title of Cossack leaders
хробачо́к — little worm (diminutive from **«хроба́к»**)
гам-гам — om nom nom (sound made while eating)
зня́ти — to take off
прекра́сно — very good
хова́тися — to hide
Вони́ в ку́рсі всьо́го. — They know everything. (spoken)
ра́дити — to recommend

змива́тися — to get away (literally: to wash away) (slang)
нега́йно — immediately
затри́мати — to detain sb
захища́тися — to defend oneself
шкря́бнути — to scratch
до́шка — board
умива́льник — washstand
Як тебе́ там... — Whatever your name is...
псевдоні́м — pseudonym
персона́ж — character
проща́тися — to say goodbye

ОБЕРІТЬ ПРАВИЛЬНУ ВІДПОВІДЬ:

1. Чому кіт сказав, що Тріс рано радіє?
   - **А** Тому що був злий на неї
   - **Б** Тому що він згадав, що Браян погано плаває
   - **В** Тому що скарб хотіли вкрасти злодії

2. Отаман Сірко – це ... a
   - **А** Ім'я півня
   - **Б** Ім'я кота
   - **В** Псевдонім кота

3. Що не дуже подобалося Беатріс у поведінці кота?
   - **А** Він був дуже гордий
   - **Б** Він не вмів прощатися
   - **В** Він говорив дуже багато «ррр»

РОЗДІЛ 15

БУРХЛИВА НІЧ. ПОЧАТОК

— Ти готовий? – спитав Валік.
— Готовий. Як піонер, – відповів Толік.
— Добре. Тоді вперед. Усі речі в них з собою. Вони з цим добром сплять.

Хлопці наділи чорні маски з колготок. Вони відрізали «ноги», а потім зробили по дві дірки для очей. Ці витвори мистецтва вони наділи на голови.

— Я піду до того індіанця, – сказав Валік.
— Добре. Тоді я беру на себе дівку і молокососа, – відповів Толік.

Злодії розділилися. Валік поліз на горище по драбині. Там спав Браян. Люлька лежала в нього під подушкою із сіна. Її краєчок блищав у місячному світлі.

— Ану йди сюди, рідненька, — прошепотів Валік і поліз рукою під подушку.

У цю мить щось дивне опинилося в нього на голові. Через бісову маску з колготок було й так погано видно, а тут ще й це!

— Що це таке?! — Валік трусив і крутив головою, але щось уп'ялося кігтями йому в шкіру. А потім ще й кілька разів вдарило лапою.

— Чорт! — сичав Валік. — Геть від мене! Зараза! Нечиста сила!!!

Але жива шапка, що затуляла очі, і не думала нікуди зникати. Ще трохи — і він розбудить Браяна...

Чоловік намацав ногою драбину і поліз донизу наосліп. Тільки там йому вдалося струсити з голови страшну потвору. Та що то було, він так і не побачив. Тільки сірий обшарпаний хвіст майнув кудись у кущі. Лізти на горище тепер було ой як страшно.

А що тим часом відбувалося в хаті? Толік пішов у сад і заліз у відчинене вікно. То була кімната Беатріс. Сережка блищала на столику біля ліжка. Злодій швидко її схопив і сховав у кишеню. «Це було легко», — посміхнувся він сам собі. І тихо вийшов з кімнати.

бурхли́вий – rough
піоне́р – pioneer (here: allusion to the soviet slogan «a pioneer is always ready»)
з цим добро́м – with these things (spoken)
ма́ска – mask
колго́тки – tights
відрі́зати – to cut
ді́рка – hole
ви́твір мисте́цтва – work of art
індіа́нець – Indian, Native American
бра́ти на се́бе – to take over
розділи́тися – to separate
мі́сячне сві́тло – moonlight

краєчок – (diminutive from «край»)
рідне́нький – darling (diminutive from «рідний»)
бі́совий – godamn
труси́ти – to shake
уп'я́стися кі́гтями – to get one's claws into
шкі́ра – skin
вда́рити – to hit
ла́па – paw
сича́ти – to hiss
затуля́ти – to cover up
Геть від ме́не! Зара́за! Нечи́ста си́ла!!! – Go away! Damn! Evil spirit!!!

розбуди́ти – to wake sb up
намáцати (драби́ну ного́ю) – to feel (the ladder with one's foot)
наóсліп – blindly

струси́ти – to shake off
потво́ра – monster
обша́рпаний – ragged
майну́ти – to flee
схопи́ти – to grab

ЩО ЯК БУЛО?
З'єднайте прислівники з частинами речення:

① Легко
② Страшно
③ Наосліп
④ Уважно
⑤ Круто

А Було плисти на Хортицю (для Беатріс)
Б Було вкрасти сережку (для Толіка)
В Слухала кота Беатріс
Г Було лізти на горище (для Валіка)
Д Ліз Валік по драбині

РОЗДІЛ 16

МАЛОСОЛЬНІ ОГІРКИ

Толік пройшов темну вітальню й опинився біля печі. Почав лізти нагору. Але... Він не знав, що на припічку хтось поставив банку малосольних огірків, які нещодавно закривали Браян з бабусею.

— Дзі-і-інь! — пролунало на всю хату.

Банка впала і розбилася.

«Чортові огірки!» — прошепотів Толік. У цю мить до вітальні забігла сонна Беатріс. Вона стояла в піжамі з зайчиками й терла очі.

— Що тут таке? Хто тут? – питала вона.

Мирослав теж прокинувся.

— Тріс? Це ти розбила банку?

— Ні.

— Тут хтось є! Ось він! Ви хто?! Чого вам треба?!

Тут вже й Беатріс побачила чорну постать у масці з колготок. Вона схопила швабру, але... Толік уже тримав Мирослава й затуляв йому рота рукою.

— Тільки пискни – і малому гаплик, – сказав Толік.

— Я не знаю, що таке «гаплик»!!! – закричала Беатріс і зі шваброю кинулася на Толіка.

Вона дуже хотіла поставити йому кілька синців. Проте, коли до злодія лишався міліметр, хтось схопив Беатріс за талію однією рукою, а другою вирвав швабру й кинув на підлогу. Це був Валік, розлючений через невдачу на горищі.

— «Гаплик» – це кінець, крихітко! – зловісно сказав він. – Давай швидко чарівний гаманець! А ще свою картку та пін-код! Рухайся! І без жартів, бо в мене в руках ніж. Ось!

Беатріс дуже злякалась. Вона гарячково думала, що робити. Ні, здаватися вона не збиралась, але...

— Стояти!!!

Усі подивилися в один бік. У дверях спальні стояла бабуся й направляла пістолет по черзі то на Толіка, то на Валіка.

– Я влучно стріляю! Усі тести зі стрільби я щороку складала на відмінно! Не вірите – то перевіримо!!!

Злодії застигли без руху.

– Швидко повивертали кишені! Якщо там буде щось наше, покласти все на піч! Миттю! – гаркнула бабуся.

Валік вивернув кишені. Там був тільки ніж.

– Це мій, – похмуро сказав він.

– Тепер ти! – бабуся кивнула на Толіка.

Той зітхнув і виклав з кишені золоту сережку Беатріс.

– Петре! Телефонуй у поліцію! 102!

– Уже телефоную! – відповів дід Петро.

Тут уже злочинці відпустили дівчину з хлопцем і кинулися навтьоки. Толік скотився з печі, наче гнила груша з дерева. А Валік уже був у спальні Беатріс і зібрався стрибати у вікно.

– Стояти! Стояти! – гукала бабуся, але чорні постаті дали драпака. Толік теж вистрибнув у вікно, і за кілька секунд злодіїв уже не було видно.

– Бабусю, це справжній пістолет? – спитав Мирось.

– Та який справжній! Водяний! На розпродажі «Дім-сад-город» купила.

малосо́льні огірки́ – lightly salted cucumbers
припі́чок – fore part of an oven
ба́нка – jar
пролуна́ти – to sound
розби́тися – to break, to crash
те́рти о́чі – to rub one's eyes
Чого́ вам тре́ба? – What do you need?
шва́бра – mop
затуля́ти – to close

пи́скнути – to squeak
...і мало́му гапли́к! – and the little one is dead!
ки́нутися – to rush
поста́вити сине́ць – to give sb a bruise
та́лія – waist
ви́рвати – to pull out
розлю́чений – angry
невда́ча – failure
зловісно – with anger and threat

кри́хітка – baby
ру́хатися – to move
без жа́ртів – no kidding
гарячко́во – feverishly
Ні, здава́тися вона́ не збира́лась. – No, she wasn't going to give up.
Стоя́ти! – Don't move!
направля́ти – to direct
пістоле́т – gun, pistol
стріля́ти влу́чно – to be a good shot
склада́ти те́сти на відмі́нно – to pass tests perfectly
стрільба́ – shooting
засти́гнути без ру́ху – to freeze without moving
ми́ттю – instantly, in a moment

повиверта́ти кише́ні – to turn out one's pockets
га́ркнути – to shout
ви́вернути кише́ні – to turn out one's pockets
відпусти́ти – to let go
ки́нутися навтьо́ки – to rush away, to run away (idiom)
скоти́тися – roll down
гнила́ гру́ша – rotten pear
да́ти драпака́ – to run away (idiom)
Та яки́й спра́вжній! – Far from real!
водяни́й – water
розпро́даж «Дім-сад-город» – the sale «House, garden, vegetable garden»

ОБЕРІТЬ ПРАВИЛЬНУ ВІДПОВІДЬ:

1. Чому Толік не зміг украсти капшук?
   А Тому що він вирішив поїсти огірків з банки
   Б Тому що він розбудив Беатріс і бабусю
   В Тому що Мирослав ударив його шваброю

2. Чому Тріс не змогла врятувати Мирослава?
   А Її схопив Валік
   Б Вона дуже боялася
   В У неї хотіла стріляти бабуся Галя

3. Що зробив дід Петро?
   А Покликав сусідів
   Б Купив на розпродажі пістолет
   В Викликав поліцію

РОЗДІЛ 17

«LADY GAGA»

Поліція їхала пів години.
— Чому ви так довго? — сердилась бабуся.
— Тому що у вас погана дорога, — відповів капітан Буряченко. — Де злочинці? Що сталося?
— Нас хотіли пограбувати, — пояснив дідусь.
— Зрозуміло. Хто свідок? Хто жертва?
— Може, ви краще будете шукати злодіїв? Вони не могли далеко втекти.
— Ох, гаразд, — сказав поліціянт. — Які вони на вигляд?
Бабуся почала:
— Двоє. Чоловіки. Віку ми не знаємо.
— А очі? Волосся? Носи?
— Ми не бачили.
— Вони були в колготках марки «Lady Gaga», — сказала Беатріс.
— Цікаво, цікаво, — записував капітан поліції.
— Тобто... ці колготки були в них на голові.
— Гм, ще цікавіше...
— На голові в них були маски з цих колготок, тому ми їх і не бачили.
— Гаразд, сержанти Писунець та Запитайко опитають свідків, тобто вас. А я поїду шукати злочинців. Увага всім патрулям Черкаської області! — передав капітан Буряченко по рації. — Розшукуємо двох чоловіків з колготками на голові!
І почалися пошуки.
Машина з синім сигнальним світлом їздила по всьому селу Вишеньки, а потім по сусідніх селах і навіть по лісах та полях, де були дороги. Але ніде ніхто не бачив нічого підозрілого.

— Ми думаємо, що це діджей з дискотеки та його друг, який продає цигарки, — казала Беатріс. — Їх звати Толік і Валік.

— Чому ви так вирішили? — спитав сержант Писунець із блокнотом.

— Тому що вони вже раз хотіли мене пограбувати. І кіт мені...

— Який кіт?

— Не зважайте. Але я впізнала їхні голоси! А ще... Хтось витоптав квіти в мене під вікном. Там є їхні сліди. Подивіться самі.

— Добре, пані, подивимося, але вже вранці. А ви з акцентом трохи говорите. Як вас, кажете, звати?

— Беатріс.

— Запишемо, запишемо... Усе треба записати для протоколу.

капіта́н (полі́ції) – captain (of police)
пограбува́ти – to burgle, to rob
сві́док – witness
же́ртва – victim
Які́ вони́ на ви́гляд? – How do they look like?
ма́рка – brand
сержа́нт – sergeant
опита́ти сві́дків – to interview witnesses
Ува́га всім патру́лям... – Attention, all patrols...
передава́ти по ра́ції – to say on the radio
розшу́кувати – to look for

по́шуки – search
сигна́льне сві́тло – signal light
нічо́го підозрі́лого – nothing suspicious
цига́рка – cigarette
Вони́ вже раз хоті́ли мене́ пограбува́ти. – They have already tried to burgle me.
зважа́ти – to pay attention
ви́топтати кві́ти – to trample the flowers down
слід – footprint
Подиві́ться самі́. – Take a look yourselves.
записа́ти – to write down
протоко́л – protocol

⚠️ З КОЛГОТКАМИ НА ГОЛОВІ

Поставте слова в орудному відмінку. Усі слова – у множині:

Злодії були з 1) _____ (маски) на голові. Якщо точно, то з 2) _____ (колготки). Ті колготки були з 3) _____ (дірки) для очей.

Злодії були з великими 4) _____ (носи) та товстими 5) _____ (ноги).

На столі стояла банка з 6) _____ (огірки) та 7) _____ (помідори).

Не треба їздити на велосипеді між 8) _____ (машини)!

За цими 9) _____ (гори) вже починається Румунія...

РОЗДІЛ 18

АЛІБІ

Толік і Валік жили разом на горищі сільського клубу, просто над дискотекою. Це для того, щоб не треба було далеко йти на роботу.

Додому вони допленталися під ранок. Там на них уже чекав капітан поліції Сергій Буряченко. Він був злий і справді трохи схожий на буряк.

— Шановні, – сказав він, – де ви були вночі?
— Ми гуляли, – відповів Толік.
— Так, дивилися на зірки. Вивчали сузір'я, – додав Валік.
— Де докази?
— Ось. Ану, Толіку, скажи, яке ми сузір'я бачили?
— Наприклад, сковороду...
— Немає такого сузір'я – Сковорода, – сказав капітан Буряченко.

ЯК ІНОЗЕМЦІ КОЗАКА РЯТУВАЛИ

ЧУМАКИ

БАТІГ

ТОВАРИ

РОГИ

ВІЗ

ВОЛИ

178

— Чому немає? Я його бачив. Сковорода з ручкою, тільки в небі...
— Це не сковорода, а Великий Віз. Чи Велика Ведмедиця! Ще що?
— А ще ми бачили... е-е-е. Таку білу... Манну Кашу.
— Це називається Чумацький Шлях!
— Який-який шлях?
— Чумацький! Ночами ходите й назв не знаєте...
— Хі-хі, Валік, чуєш, «чумацький»... це, мабуть, від кетчупу «Чумак».
— Та самі ви кетчуп! — сердився капітан Буряченко. — Ви не знаєте, як чумаки в Крим їздили на волах? Це всі знають. Це у школі вивчають. Навіть мої діти Андрій і Катруся знають... А ви, здоровенні дядьки, не знаєте!
— А чому вони в той Крим їздили? На море? — спитав Толік.
— Та ні, дурний ти! По кетчуп! — підказав Валік.
— Не по кетчуп! Кетчупу ще не існувало в природі! — злився капітан поліції. Він ставав червонішим і червонішим. — По сіль. Чумаки їздили в Крим по сіль!
— Чому ви так репетуєте? По сіль, так по сіль... Нема проблем.
— Проблеми є у вас! У вас немає алібі. Дайте поміряти ваші ноги. Подивимося, які у вас підошви...

Толік і Валік не вперше когось грабували та залишали сліди. Тому вони вже перевзулися у взуття, яке знайшли в селі. Толік взяв жіночі шльопанці, які хтось залишив на порозі. Вони були дуже маленькі, і його п'яти вилазили на землю. А Валік був у калошах. Вони взагалі не мали розміру.

— Взуття не відповідає слідам, зате ноги відповідають, — сказав капітан. — Вас заарештовано за підозрою в пограбуванні.
— Стоп, дружбанчику, — відповів Валік. — Не треба нас арештовувати. У тебе ж доказів жодних немає! От немає і все! Якщо ти нас заарештуєш, ми розкажемо вчительці твоїх дітей, як ти танцював на дискотеці під «Рукі вверх»! Учительці української мови, ха-ха-ха!
— Так-так, — додав Толік, — Катерина Марківна буде в захваті!
— Ох, як вона лупцювала мене указкою за суржик... — потер дупу Валік.
— А мене як... досі пече, як згадаю, — додав Толік. — Ну то як, арештуєш нас без доказів?

алібі – alibi
доплéнтатися – to totter
під рáнок – in the morning
шанóвні – dear, respected
сузíр'я – constellation
дóказ – evidence
Велúкий Віз, Велúка Ведмéдиця – names of constellation Big Dipper (literally: big cart, big female bear)
мáнна кáша – semolina porridge
Чумáцький Шлях – name of the Milky Way (literally: way of chumaky)
чумакú – chumaky (historical merchants, you'll find out about chumaky in the exercises)
Та самí ви кéтчуп! – You are ketchup yourselves!
віл – bullocks
здоровéнні дядькú – big guys
існувáти – to exist
злúтися – to be angry
репетувáти – to shout
По сіль, так по сіль... – Okay, to get salt...
помíряти – to measure
підóшва – sole of a shoe
впéрше – for the first time

перевзýтися – to change shoes
шльóпанці – flip flops
порíг – threshold
п'ятá – heels
калóші – galoshes
рóзмір – size
Взуття́ не відповідáє слідáм. – Shoes don't match the footprints.
Вас заарештóвано за підóзрою в пограбувáнні. – You have been arrested on suspicion of a burglary.
заарештувáти – to arrest (perfective)
дружбáнчик – bro (jargon)
арештóвувати – to arrest (imperfective)
розказáти – to tell
«Рýкі вверх» (рос.) – popular Russian music band in 90s
бýти в зáхваті – to be in delight
лупцювáла укáзкою за сýржик – hit with a pointer for «surzhyk» (mix of Ukrainian and Russian)
дýпа – butt
Дóсі печé, як згадáю. – It still hurts when I'm recalling.
арештувáти – to arrest (perfective)

ОБЕРІТЬ ПРАВИЛЬНУ ВІДПОВІДЬ:

1. Як називається наша галактика?
    - **А** Чумацький шлях
    - **Б** Сковорода
    - **В** Рукі вверх

2. Чому чумаки їздили в Крим?
    - **А** Купатися в морі
    - **Б** Купувати сіль
    - **В** Купувати кетчуп

3. Чому Толік і Валік перевзулися?
    - **А** Щоб їх не впізнали за слідами
    - **Б** Щоб взуття пасувало до колготок "Lady Gaga"
    - **В** Щоб мати кращий вигляд

4. Як злодії хотіли помститися капітанові Буряченку за арешт?
    - **А** Вони хотіли дати йому указкою по дупі
    - **Б** Вони хотіли сказати вчительці української мови, що він танцював під попсу на дискотеці
    - **В** Вони хотіли дозволити бабусі провести на них тест зі стрільби

РОЗДІЛ 19

У ДОРОГУ!

Як ви думаєте, чи арештували Толіка й Валіка? Ні. На жаль. Тому козацькі скарби були в небезпеці. Так само як і їхні власники – Беатріс, Браян та Мирослав.

— Що вони хотіли у вас украсти? — спитала бабуся.

— Мабуть, гроші. Вони думають, що ми багаті іноземці, — почухав голову Браян.

— Ні, тут щось не так. Вони знають, що ви отримуєте тільки стипендію. Ви розповідали про той випадок на дискотеці...

— Так, але, можливо, вони якраз хочуть стипендію... — сказала Тріс.

— Думаю, річ тут не в грошах, — бабуся примружила око. — А знаєте чому?

— Чому?

— Запитання номер один. Чому вони не пограбували Василя Васильовича? У нього з грішми все нормально. Запитання номер два. Чому не пограбували Віру Михайлівну? Вона недавно успадкувала від тітки будинок і продала його, а в банку гроші не хоче тримати, то вони в неї вдома. Запитання номер три. Що це за яма посередині городу, де колись Мирослав хотів викопати скарб? І чому на книжці «Скарб характерників-козаків, славних вояків» відбитки твоїх, Мирославе, пальців? Так-так, я вже перевірила... У мене ще є друзі в поліції.

Мирослав не знав, що й сказати.

— Від бабусі нічого не сховаєш, — мовив дід.

— Ну тоді... Тоді доведеться розповісти правду, — зітхнув Мирось.

— Гаразд, — сказала Беатріс. — Скарби ми вже знайшли, і ніхто сміятися не буде.

— Тим паче вони справді діють. Усе це правда, — мовив Браян.

Мирось розказав діду й бабі все, що відбулося за останні тижні. І про свій план, і про нічний похід у бібліотеку, і про кроки кабана, і про яму на городі. А потім — про скриню, люльку, капшук і козацьку сережку.

— Усе ясно, — підсумував дід. — Я завжди вірив, що це правда...

— А я думала, що то все нісенітниці, казочки... Сам подумай, Петре!

— Книжки не брешуть, Галю.

— Книжки... Петре, скільки разів я тобі доводила, що книжки й реальне життя — різні речі!

— Стоп, Галю, — зупинив її дід Петро. — Немає часу сперечатися. Головне питання — що робити тепер?

— Ми всі в небезпеці, — сказала бабуся. — Поліція не зробила своєї справи, Северин Вовк бігає вовком, а злочинці залишаються в селі.

— Я от що собі думаю... — мовив дід. — Поки вони ходять на допити й поки ще чухаються, ви швиденько тікайте. Ми вже тут залишимося, бо ми не наймолодші. А ви — ноги в руки — і на Хортицю.

— Ми будемо на зв'язку, якщо що. А ви вирушайте. Сьогодні! — додала пані Галя.

вла́сник – owner
Ні, тут щось не так. – Something is wrong here.
стипе́ндія – scholarship
ви́падок – incident
якра́з – right, exactly
річ не в гро́шах – it's not about money
успадкува́ти – to inherit
Що це за я́ма? – What sort of a hole is it?
відби́тки па́льців – fingerprints
схова́ти – to hide
тим па́че – more than that
підсумува́ти – to sum up

ка́зочка – fairy tale (diminutive from «ка́зка»)
Сам поду́май! – Think about it!
бреха́ти – to lie
дово́дити – to prove
спереча́тися – to argue
па́стка – trap
до́пит – examination, interrogation
чу́хатися – to be in doubt, to do sth slowly (jargon)
но́ги в ру́ки – to get going, get to it (literally: grip your legs) (idiom)
на зв'язку́ – in touch
якщо́ що – if smth happens
вируша́ти – to go

ОБЕРІТЬ ПРАВИЛЬНУ ВІДПОВІДЬ:

1. Чому Толіка й Валіка не арештували?
   - **А** Тому що вони погрожували капітанові Буряченку
   - **Б** Тому що в капітана Буряченка не було доказів
   - **В** Тому що поліція їх не знайшла

2. Чому Мирослав не розповідав бабусі про скарби?
   - **А** Бо вона вважала це дурницею
   - **Б** Бо він боявся, що бабуся його пограбує
   - **В** Він думав, що бабуся вкраде козацьку люльку

3. Хто найбільше вірив книжкам?
   - **А** Петро та Мирослав
   - **Б** Беатріс і Браян
   - **В** Галя

ПЕТРЕ!

Нам треба когось покликати? Тоді нам потрібний кличний відмінок:

Петро – Петре
Галя – Галю
Мирослав – Мирославе

Поставте слова у кличний відмінок:

1 _____ (Катя), іди вже сюди, твоя кава готова!

2 Іду, _____ (Іван)...

3 _____ (дядько Микола), а коли ви поїдете по сіно?

4 Завтра, _____ (Беатріс), ти хочеш зі мною?

5 _____ (Мирослав), ти вже попрацював на городі дві години?

6 Попрацював, _____ (бабуся)...

7 _____ (Мирось), а ти не бачив мої окуляри?

8 Вони в тебе на лобі, _____ (дід).

РОЗДІЛ 20

А ЯК ЖЕ СТИПЕНДІЯ?

Беатріс забігла до вітальні. Погляд її впав на мікроскоп.
— От чорт! Я не встигла завершити наукову роботу...
— І я не встиг... Планував ще кілька днів попрацювати, – сумно сказав Браян.
— Я теж... А скільки тобі сторінок бракує?
— Зараз порахую... Шість сторінок ще...
— А мені сім... Слухай, у мене ідея! А що, коли скласти наші роботи в одну й надіслати? І сторінок вистачить. Ти ж знайомий з моєю роботою?
— Ну так... Пам'ятаєш, ми під вишнею сиділи, читали, а потім...
— Тсс... А ідея непогана! НЕЗРОЗУМІЛО, ХТО ГОВОРИТЬ
Вони зайшли в кімнату Беатріс і зашепотіли за дверима. Щось клацали на ноутбуці, копіювали та видаляли, інколи сперечалися...
— Ви там ще довго? – з нетерпінням гукнув малий. – Мене вже бабуся за двері випихає...
— Зараз! – крикнула Тріс з-за дверей. – Хвилинку!
Клац!
— Ну ось, готово, – сказала вона Браянові. – Не ідеально, але краще, ніж не надіслати нічого. Як думаєш?
— Це точно. Та все-таки треба було надіслати від твого імені.
Тріс махнула рукою.
— Та яка різниця! Може, Мічиган на комісію справить більше враження, ніж Іспанія. У тебе була довша дорога.
— Ну, з такої точки зору...
— Усе, ходімо!
Вони вимкнули ноутбук і закинули рюкзаки на плечі. Мирось уже стояв на порозі – теж зі своїм рюкзаком з нашивкою «Пласт».

За пів години Тріс, Браян і Мирослав уже їхали в сільському автобусі до Чигирина. Там вони збиралися пересісти на інший автобус до Запоріжжя. Та не так сталося, як гадалося...

встигнути – to make it
завершити – to finish
бракувати – to lack
порахувати – to count
А що, коли... – What if...
скласти – to put together
вистачити – to be enough
копіювати – to copy
видаляти – to delete
випихати – to shove out, to push out (spoken)
від імені ... – on behalf of...
Яка різниця! – It doesn't matter!
справити враження – to make an impression
з такої точки зору – from that point of view
закинути рюкзак на плечі – to put one's backpack on one's back
нашивка «Пласт» – «Plast» stripe (you'll find out about «Plast» in exercises)
пересісти – to change transport
Не так сталося, як гадалося... – It didn't happen as intended (idiom)

ЯКОГО СЛОВА БРАКУЄ?
Вставте слова у потрібній формі:
«Пласт», ноутбук, вишня, Чигирин, Іспанія, ідея, мікроскоп, рюкзаки, автобус

Браян і Тріс вимкнули 1) _____ і закинули 2) _____ на плечі. Мирось уже стояв на порозі – теж зі своїм рюкзаком з нашивкою 3) _____.

За пів години друзі вже їхали в сільському 4) _____ в напрямку 5) _____.

«Може, Мічиган на комісію справить більше враження, ніж 6) _____», – думала Беатріс.

Екологи сиділи під 7) _____ й читали свої наукові роботи.

Погляд Беатріс упав на 8) _____.

«Слухай, у мене 9) _____!» – вигукнула іспанка.

186

ЧАСТИНА ТРЕТЯ
ПОДОРОЖ

РОЗДІЛ 1

СУБОТІВ

— Суботів! – оголосив водій автобуса, і з нього вийшли три бабусі, одна молода дівчина й тато з сином.

Автобус почав їхати далі, але раптом зупинився. «Ш-ш-ш-ш-ш-ш-ш», – почули пасажири.

— Жіночко, ви що, граблі забули на дорозі? Я знову колесо пробив! Так, усі виходьте. Автобус далі не їде. Буду колесо міняти.

— От же ж, – обурилася Беатріс.

Друзі вистрибнули з автобуса.

— Може, запитати, чи не їде хтось до Чигирина на машині? – запропонував малий. – Ходімо он туди, здається, то центр села.

У центрі стояла церква. Вона була досить незвична.

— Десь я таку вже бачив, – сказав Браян. – От тільки де?

— Я теж... – погодилася Беатріс.

— Ось тут, – сказав Мирось і дістав з гаманця п'ять гривень. Там був малюнок саме цієї церкви.

ІЛЛІНСЬКА ЦЕРКВА

БОГДАН ХМЕЛЬНИЦЬКИЙ

ЯК ІНОЗЕМЦІ КОЗАКА РЯТУВАЛИ

ВИ ЩО, ГРАБЛІ ЗАБУЛИ НА ДОРОЗІ?

ГРАБЛІ

БОРОДА, ЗАПЛЕТЕНА В КОСУ

БАТОН

СВІТШОТ

ЛАНЦЮЖКИ

ЧАЙОК У ТЕРМОСІ

ПРИЇХАТИ В СУБОТІВ І НЕ ПІТИ НА ЕКСКУРСІЮ!..

— Подобається? — спитав раптом молодий чоловік з батоном у руці. — Це козацьке бароко, особливий стиль, — сказав він і відкусив трохи батона.

— А ви не підкажете, як ми можемо доїхати до Чигирина? Може, хтось підвезе нас на машині?

— Не думаю, — меланхолійно відповів хлопець. Він був у чорному світшоті з написом «Тінь сонця» та чорних джинсах. На поясі в нього висіло кілька металевих ланцюжків. Його очі його були сумні й теж чорні. А ще в нього була велика борода, заплетена на кінці в косу. — А ви на екскурсію не лишаєтесь? Вона завтра, сьогодні вже зачинено.

— Нема в нас часу на екскурсію! — крикнула Беатріс. — На жаль...

— Шкода, — зітхнув рокер. — Приїхати в Суботів і не піти на екскурсію!.. Як сумно... — він запропонував друзям батона. — Я саме йду з магазину. Там теж уже зачинили... Пригощайтесь! А ще у мене є чайок у термосі. Посидимо, поговоримо...

— Ви знаєте, у нас із часом не дуже... — сказала знову Беатріс.

— Так уже ж вечір, куди вам їхати на ніч? — здивувався хлопець.

граблі – rake
пробити колесо – to get a flat tyre
виходити – to go out
От же ж. – Damn it.
їхати на машині – to go by car
он туди – that way
незвичний – unusual
батон – loaf
козацьке бароко – cossack baroque
особливий – special
відкусити – to bite off
Не підкажете... – Could you tell us...

підвезти – to give one a lift
меланхолійно – with melancholy
світшот – sweatshirt
ланцюжок – chain (diminutive from «ланцюг»)
заплетений – braided
екскурсія – excursion
рокер – rocker
піти на екскурсію – to go on excursion
Я саме йду з магазину. – I'm right on my way from the store.
Пригощайтесь! – Help yourselves!

те́рмос – thermos
чайо́к – tea (diminutive from «чай»)
Посидимо́, поговори́мо... – We'll sit and talk...

У нас із ча́сом не ду́же. – We don't have a lot of time.
Куди́ вам на ніч ї́хати? – Why would you go somewhere at night?

ЗНАЙДІТЬ АНТОНІМИ

Зверніть увагу на частини мови! Два слова мають однаковий антонім.

1. Сумно
2. Меланхолійно
3. Чорний
4. Вистрибнути
5. Незвичний
6. Особливий
7. Трохи
8. Сумний
9. На жаль
10. Зачинити

А Відчинити
Б Звичайний
В Білий
Г На щастя
Д Застрибнути
Е Енергійно
Є Звичайний
Ж Багато
З Веселий
И Весело

РОЗДІЛ 2

ЩО СОРОКА НА ХВОСТІ ПРИНЕСЛА

—Ось ви де! Фух, цілий вечір вас шукаю, — почула Тріс над головою голос. — Це я, сорока, пам'ятаєте мене?

— Це ти значок бабусин украла? — спитала дівчина.

— Та я... Фух...

— Що треба?

— Я вам інформацію принесла. Тікайте швидше. Вони вже тут.

— Хто «вони»?

— Ваші вороги. Уже приїхали на мотоциклах і шукають вас.

— Ти чому нам це кажеш?

— Ох, чому-чому... Отаман Сірко попросив передати. Він мій друг.

— Ага. А де він сам?

— Цього не знаю. Коли він це пронюхав, то сказав мені швиденько летіти й шукати вас... Сірко хотів їх затримати, але знаєте... Для кота це нелегко. Покваптеся! Вони вже на цій вулиці... Чуєте?

Знизу вулиці й справді долинало гарчання мотоциклів.

— Що відбувається? Дівчина розмовляє з сорокою? Вона у вас, що тю-тю? – спитав рокер.

— Тікаймо! – крикнула Тріс. – Вони тут! Скарби в небезпеці!

— Скарби? Які скарби? – не розумів рокер.

— Багато питаєш, друже, – сказав Браян і чиркнув сірником. Він хотів запалити люльку...

— Чекай! – зупинила його Беатріс. – Не думаю, що ми самі впораємось... Нам потрібна допомога!

— Пане... е-е-е...

— Максим Невеселий, – представився рокер і простягнув руку.

— Пане Максиме! Заховайте нас де-небудь... – попросив Мирось. – А потім ми все вам розкажемо... І про сороку, і про скарби... Тільки швидко! Будь ласочка!

Рокер прожував батон, встав і нешвидко, меланхолійно пішов у напрямку церкви. Друзі перезирнулися.

— Чому сидите? За мною! – сказав він.

У його руці задзеленчали довгі металеві ключі.

— Я тут екскурсії проводжу. На пів ставки, – пояснив він. – Заходьте.

Максим замкнув двері. Мотоцикли гарчали вже перед самою церквою. Вони зробили кілька кіл навколо й поїхали далі.

— Тут вас точно ніхто не знайде. А тепер ви мені розкажіть, що до чого.

соро́ка на хвості́ принесла́ – a little bird told me (literally: magpie brought it on its tail) (idiom)
Ось ви де! – Here you are!
ці́лий ве́чір – all evening
переда́ти (повідо́млення) – to tell (a message)
проню́хати – to find out (jargon)
швиде́нько – quickly (diminutive from «шви́дко»)
неле́гко – hard, difficult
поква́питися – to hurry up

гарча́ння – roar
тю-тю – insane (spoken)
дру́же – bro (address)
чиркну́ти сірнико́м – to strike a match
самі́ впо́раємося – we'll do it ourselves
захова́ти – to hide
задзеленча́ти – to start ringing
прово́дити екску́рсії на пів ста́вки – to give tours part-time
гарча́ти – to roar
ко́ло – circle

БАБУСИН ЗНАЧОК, ДІДОВІ ОКУЛЯРИ

Поговоримо про присвійні прикметники: слова, що відповідають на питання «чий? чия? чиє? чиї?»

Власник-жінка: бабусин значок, бабусина зірка, бабусині гості
Власник-чоловік: дідів значок, дідова зірка, дідові гості

А тепер спробуйте ви. Власник – у дужках.

Наприклад: <u>Іванів</u> кінь (Іван)

1. _____ (дід) окуляри
2. _____ (МирославB шкарпетки
3. _____ (ОленA шкарпетка
4. _____ (дядько) кінь
5. _____ (Степан) віслюк
6. _____ (ОксанA помада
7. _____ (Оля) спідниця
8. _____ (бабуся) мотоцикл
9. _____ (Максим) мопед
10. _____ (дід) онуки
11. _____ (Іван) гості
12. _____ (Леся) хата
13. _____ (Євген) граблі
14. _____ (бізнесмен) презентація

РОЗДІЛ 3

У ТЕМНІЙ ЦЕРКВІ

Було дуже темно. Розмови відбивалися від стін порожньої церкви луною. Свічки не горіли, і світла ніхто не вмикав. Було доволі холодно.

Мирослав коротко розказав про всі останні пригоди.

— Ех, чому пощастило не мені? — мовив невеселий Максим. — Я вчився-вчився на історичному факультеті, на розкопки їздив по козацьких місцях — і нічого не знайшов! Нічогісінько! Казали навіть, що я археологам приношу нещастя. Де я — там нічого не знаходять. Тепер у церкві екскурсії проводжу... А так мріяв їздити на пошуки! Торкатися історичних цінностей! Відчищати їх від багнюки!.. — він відкусив трохи батона. — А ви приїхали з інших країн, і просто на городі... — з його темних очей покотилася сльоза.

— Та ну, ви чого? — почала Беатріс. — У вас така... е-е-е... цікава робота! Може, ви нам екскурсію влаштуєте? Але тихо... щоб ніхто не знав, що ми тут.

— Авжеж, — мовив він і втер сльозу. — Ви знаєте, як називається ця церква?

— Іллінська, — сказав Мирослав. — Ми це вивчали на історії.

— Саме так. А коли її побудували, знаєш, хлопче?

— Гм, ну, за часів козацтва.

— Правильно. А почали її будувати за наказом Богдана Хмельницького. Чули про такого?

Браян згадав другий сезон «Ukrainian Lessons Podcast».

— Так... — відповів він. — Богдан Хмельницький. Відомий полководець.

— Він був гетьманом Війська Запорізького. Тобто — головним козаком усієї України, — пояснював Максим. — У 17 столітті Україна

ЯК ІНОЗЕМЦІ КОЗАКА РЯТУВАЛИ

була під владою Польщі. Тоді ця держава називалася Річ Посполита. Козаки хотіли зробити Україну вільною, тому почали повстання, а Богдан Хмельницький був його керівником. Це дуже довга історія, – зітхнув він.

– Може, запалимо хоч маленьку свічку? Бо дуже темно... І страшно... – озвалася Тріс.

Вони розклали спальники просто на підлозі й сіли на них. Посередині запалили свічку. Надворі стало вже зовсім темно. Мовчали люди, птахи. Тільки собаки час від часу вили на місяць.

– Так до чого тут Суботів? – сказав тихо Браян.

– А ось до чого. Суботів належав колись родині Богдана Хмельницького. Але потім його забрали польські багатії.

– Через це почалося повстання? – спитала Тріс.

– Можна й так сказати. Це була остання крапля. У Богдана Хмельницького луснув терпець.

– А церква що?

– А церкву побудували за його проєктом і на його гроші. А коли Богдан помер, його там поховали. Тобто тут.

відбива́тися луно́ю – to echo off
пощасти́ти – to have luck
істори́чний факульте́т – historical faculty
розко́пки – excavations
прино́сити неща́стя – to bring bad luck
торка́тися – to touch
істори́чні ці́нності – historically valuable artifacts
відчища́ти – to clean
багню́ка – mud
покоти́тися – to roll
сльоза́ – tear

втерти сльозу́ – to wipe the tears
хло́пче – hey guy (address)
за часі́в – in the time of
нака́з – order
полково́дець – military leader
ге́тьман – hetman (cossack leader, title)
під вла́дою – under the rule
повста́ння – uprising
запали́ти – to light
хоч мале́ньку сві́чку – at least a little candle
розкла́сти – to put
спа́льник – sleeping bag

час від ча́су – from time to time
ви́ти – to howl
До чо́го тут... – What has it got to do with...
багаті́й – rich man

оста́ння кра́пля – last straw (literally: last drop) (idiom)
лу́снув терпе́ць – lost one's patience (idiom)
похова́ти – to bury

ОБЕРІТЬ ПРАВИЛЬНУ ВІДПОВІДЬ:

1. Чому Максим був сумний?
    - **А** Тому що не знаходив артефактів, але мріяв про це
    - **Б** Тому що йому не подобалося в Суботові
    - **В** Тому що він не написав дисертацію

2. Хто такий Богдан Хмельницький?
    - **А** Козак-характерник
    - **Б** Чумак
    - **В** Український гетьман

3. Де сиділи друзі?
    - **А** У церкві
    - **Б** На своїх спальниках
    - **В** На дивані

РОЗДІЛ 4

ТИХІШЕ!

— А знаєте, як називається архітектурний стиль церкви? – спитав Максим.
— Ви вже казали... – згадувала Беатріс. – Бароко?

— Козацьке бароко, — гордо мовив він. — Або українське бароко. У цьому стилі багато будували у 17-ому та 18-ому столітті. З бароковими поєднували національні риси. Розумієте?

— Ага, — відповів Браян, — але тут не тільки це дивно. Стіни товсті. Вікна маленькі. Та й сама церква якась маленька.

— Малі вікна — це бійниці, вони для того, щоб стріляти. Церква була ніби мініфортеця. Кажу ж, козацька… Тут і Тарас Шевченко був, аж два рази! — додав Максим. — Про Тараса Шевченка знаєте?

— Звичайно! Як можна не знати? Про нього і в «Ukrainian Lessons Podcast» було. Це відомий поет і художник, — гордо відповів Браян.

— Правильно. Він цю церкву малював, малюнок можна в музеї побачити. І вірш про неї написав — «Стоїть в селі Суботові». До нього музика є, гурту «Кому вниз»… — і Максим голосно заспівав басом:

> Встане Україна!
> І розвіє тьму неволі,
> Світ правди засвітить,
> І помоляться на волі
> Невольничі діти!..

— Ох, така сумна історія!.. — і рокер знову заплакав.

— Тихіше, тихіше, — заспокоювала Беатріс. — Усе буде добре. І не треба зараз так голосно співати, прошу вас… А то вони нас почують. І тоді нам — як вони казали? — «гаплик».

архітекту́рний сти́ль — architectural style
поє́днувати — to combine
ри́са — feature
бійни́ця — firing port
форте́ця — fortress

два рази́ — twice
Як мо́жна не зна́ти? — How do you not know?
худо́жник — artist
бас — basso

Встáне Україна!
І розвіє тьму неволі,
Світ прáвди засвітить,
І помоляться на волі
Невольничі діти!..

Ukraine will rise
And dispel the darkness of captivity
The light of truth will shine
And the slaves' children
Will pray at liberty.

тихіше – more quietly
голосно – loudly

а то – otherwise

ТИХІШЕ ЧИ ГОЛОСНІШЕ?

Чи пам'ятаєте ви, що прислівники мають ступені порівняння?

Тихо – ще тихіше (тихше)
Глибоко – ще глибше
Широко – ще ширше

Тут нам допомагають суфікси -ш- або -іш-.

Поставте прислівник у вищий ступінь порівняння:

❶ Говоріть _____ (тихо), дитина спить...

❷ Говоріть _____ (голосно), я вас погано чую...

❸ Треба спочатку зробити презентацію, це _____ (важливо), ніж все інше.

❹ Над цим проєктом треба працювати трохи _____ (довго).

❺ Іван працював _____(мало), ніж Максим, але зарплата в них однакова.

❻ В озері _____(глибоко), ніж у нашій річці.

❼ Поставте ноги трохи _____ (широко) для цієї вправи.

РОЗДІЛ 5

МАСКУВАННЯ

Через деякий час усіх почало хилити на сон. Добре, що спальні мішки у друзів були дуже теплі. Браян і Мирось укрилися одним спальником, Брояновим. Спальник Мирослава позичили на ніч Максиму.

Максим прокинувся на світанку.

— Вставайте, уже ранок! — сказав він. — Думаю, ваші бандити ще сплять. Зараз ми встигнемо непомітно пробратися до мене додому. Я так думаю... А там візьмемо мій транспортний засіб і чух — на Чигирин... А далі я вже не знаю. Мені треба повернутися сюди на 10-ту, тоді перші екскурсії...

— Усе одно спасибі, — сказав Браян. — Ви нас врятували.

— Ще ні... Скажете спасибі, коли будемо в Чигирині.

Вони склали спальники в рюкзаки й тихо вийшли надвір. Там і справді було порожньо. Ані душі.

Друзі разом з Максимом спустилися вулицею вниз. Там підійшли до гарної білої хати.

— Я тут знімаю кімнату, — сказав рокер.

У вітальні на стінах висіли вишивані рушники. Проте в кімнаті Максима все було інакше: стіни прикрашали плакати рок-гуртів. Тут були «Metallica», «Nirvana», «Тінь сонця», «Кому вниз» і ще якісь, про які Тріс ніколи не чула. На ліжку лежала велика купа чорного одягу.

— Одягайте, — сказав Макс. — Це вам маскування на сьогодні.

Кожний одягнув чорний світшот: Тріс — із написом «Metallica», Браян — із черепом, а Мирослав — із «Black Sabbath». До цього Тріс дали ще темні окуляри, а хлопцям — металеві ланцюги. Максим одягнув чорну шкіряну куртку. Добре, що то був ранок, і надворі було ще досить холодно. Інакше б друзі за секунду укрилися потом.

— Так, а тепер усім шоломи, — оголосив Максим, — і вперед.

Він роздав велосипедні шоломи, а тоді викотив з гаража старенький мопед із коляскою.

— Сідайте. Вони думали, що одні такі круті, на мотоциклах їздять. А ми теж умієм...

Максим завів свого коня, і вони поволі попрямували на Чигирин по вулиці Суботівський шлях. Тріс сиділа за Максимом, а Мирось із Браяном залізли в коляску. Раптово шлях їм перегородили: з кущів виїхали двоє дядьків на таких самих мопедах і зупинилися по центру дороги. Максим не міг нічого вдіяти. Він теж мусив зупинити мопед.

— Сидіть тут, — сказав він і підійшов до дядьків.

маскування – disguise
через деякий час – in a while
хилити на сон – to get sleepy (idiom)
укритися – to cover oneself
позичити – to lend
світанок – sunrise
непомітно – unnoticed
пробратися – to get through
транспортний засіб – vehicle
...чух – на Чигирин! – ....poof – and to Chyhyryn!
надвір – outside
порожньо – empty
ані душі – not a soul, not a single person (idiom
прикрашати – to decorate
плакат – poster
купа – pile
одягати – to wear
череп – skull

чорна шкіряна куртка – black leather jacket
інакше – otherwise
укритися потом – to break into a sweat
А тепер усім шоломи – і вперед. – And now the helmets for everybody – and let's go.
роздати – to give to everybody
викотити – to roll out
гараж – garage
мопед із коляскою – moped with a sidecar
заводити – to start (a vehicle)
перегородити – to block
Максим не міг нічого вдіяти. – Maxym could do nothing about it.

ЗНАЙДІТЬ СИНОНІМИ

1. Гаплик
2. Транспортний засіб
3. Спасибі
4. Без звуків
5. Гарний
6. Проте
7. Дядько
8. Центр

А Середина
Б Чоловік
В Але
Г Мопед
Д Дуже тихо
Е Красивий
Є Дякую
Ж Кінець

РОЗДІЛ 6

ДОБРОВІЛЬНИЙ ПАТРУЛЬ

— Здорові були, дядьку Тарасе, дядьку Андрію! Клює?
 — Та клює! І тобі доброго здоров'я, Максиме. І вам, — кивнули вони друзям.
 — Ми цей... Ми хочемо твоїх друзів перевірити. Бо тут поліція шукає злодіїв... То ми мусимо стояти й перевіряти, чи не говорить хто з акцентом.
 — А чому з акцентом?
 — Бо то якісь іноземці. Історичні цінності хочуть украсти. Козацькі.
 — А, он воно що, — мовив Максим. — Поліція, значить? І що, платить вам за це поліція?
 — Ми цей... добровільний патруль, — сказав дядько Тарас.
 — Та трошки платить, — додав засоромлено дядько Андрій.
 — А де ще такі патрулі є?

— Ми точно не знаємо, але думаю, на всіх виїздах із Суботова. Так? – спитав дядько Тарас.

— Еге, – підтвердив дядько Андрій. – А ще вони казали, що злодіїв троє.

— Хто «вони»?

— Ну, ці двоє диваків... Тобто поліцейських. Дівка, хлопець і молоко-... І хлопчик. Будьте ласкаві, поговоріть із нами... – звернувся він до Тріс, Браяна й Мирослава.

— Це Коля, він йог у мене, обітницю мовчання зберігає. Це називається віпасана, – показав рокер на Тріс. Вона склала руки в намасте і схилила голову.

— А цей? – дядько Андрій кивнув на Браяна.

— А він у траурі. Побачив церкву Богдана – і мову одібрало, розумієте... Історія – не дуже весела річ... А я йому ще пісню врубив. Оцю, – і він увімкнув mp3-плеєр на повну гучність.

Мир душі твоїй, Богдане!!! – заволав Андрій Середа на весь Суботів.

Ти що! Рибу порозганяєш! – бідкалися дядьки. – А цей? Скільки йому років? – показали вони на хлопчика.

— Йому 58. Просто він карлик.

Чоловіки перезирнулися.

— Дзвони тим хлопцям, – твердо сказав дядько Андрій. – Це вони.

Тарас уже підніс телефон до вуха, як раптом його огорнула біла хмара якогось диму.

— Кахи-кахи! Ой... кому це я дзвонив? Слухай, Тарасе, кому це...

— Кахи-кахи! Не знаю... О, і Максим тут...

Максим теж кашляв.

— Ну що, клює? – спитав він знову і кивнув в бік Тясмину.

— Та клює... – відповіли дядьки. – Ну, ми пішли далі рибу ловить, – і вони повернулися в кущі на березі Тясмину. Мопеди вони вели в руках.

— Кахи-кахи, ой, друзі, що це в нас за вечірка така була, що я геть нічого не пам'ятаю? – сказав Максим, коли дядьки зникли в кущах. – Ой, як мені легко на душі... Річечка ось тече. Яка краса навколо! «Тече річенька, невеличенька, схочу перескочу... Віддайте мене, моя матінко, за кого я хочу...» – знову заспівав Макс. Схоже, співи були його улюбленим заняттям, як і археологія. – Вибачте, мені соромно, але не пам'ятаю ні біса. Я вас маю завезти в Чигирин? У музей Хмельницького?

– Так-так, – сказав Браян. – Не забудьте тільки, що у вас екскурсія на 10-ту...

Друзі глянули одне на одного. Вони зовсім не планували позбавляти пам'яті Макса, але так уже вийшло. Може, це й на краще...

добровільний – voluntary
патруль – patrol
клювати – to bite (about fish)
Доброго здоров'я! – Wish you good health! (greeting)
перевіряти – to check
засоромлено – ashamed
виїзд – exit (here – on the road)
дивак – weird guy
Будьте ласкаві, поговоріть із нами – Could you please talk to us?
йог – yogi
обітниця мовчання – vow of silence
схилити голову – to bow one's head
у траурі – in mourning
одібрати мову – to be at a loss for words
врубити пісню – to blast a song (spoken, slang)
на повну гучність – at full volume

Мир душі твоїй. – May your soul find peace.
заволати – to start shouting
Андрій Середа – a vocalist of «Кому Вниз» band (they have songs with Taras Shevchenko's lyrics)
Рибу порозганяєш! – You'll scare the fish away!
бідкатися – to complain, to lament
карлик – midget, dwarf
твердо сказати – to say firmly
піднести телефон до вуха – to lift the phone to one's ear
Ну, ми пішли далі рибу ловить... – Okay then, we're going fishing again...
вечірка – party
легко на душі – to feel easy, relieved
річечка – little river (diminutive from «річка»)

**Тече́ річе́нька, невели́че-
нька,
Схо́чу – перескóчу,
Відда́йте мене́, моя́ ма́тінко,
За ко́го я хо́чу.**

Flows the river, that isn't big,
If I want, I'll jump over it.
Give me, my dear mother, in marriage
To someone I want.

спі́ви – singing
мені́ со́ромно – I am ashamed
ні бі́са – not a bloody thing
забу́ти – to forget

позбавля́ти па́м'яті – to deprive of memory
...так уже́ ви́йшло. – ...it happened like that.
на кра́ще – for the better

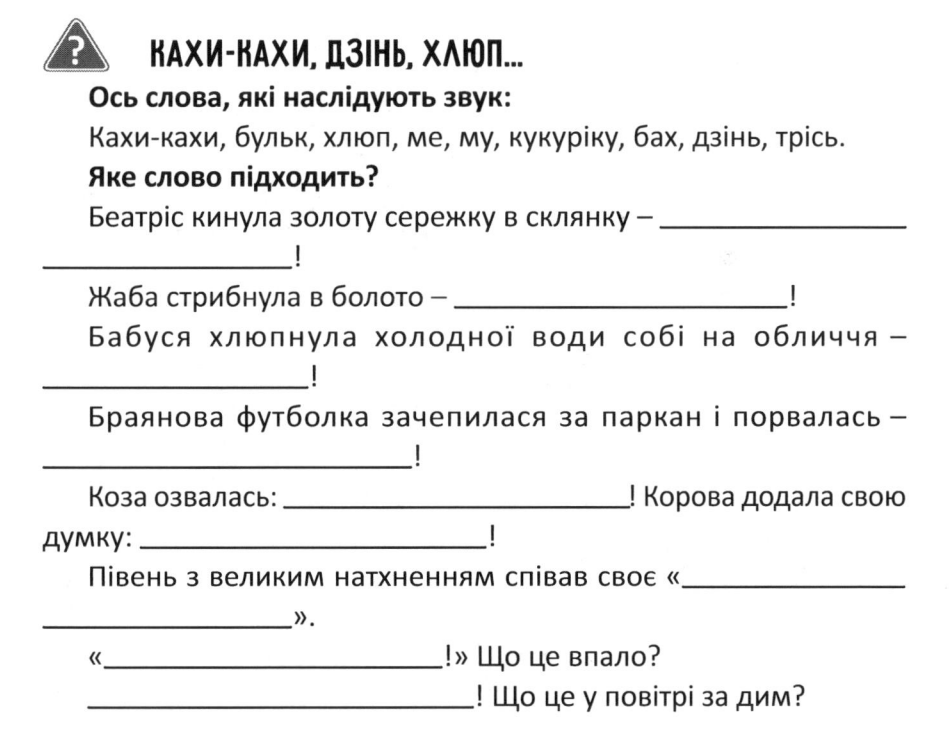

КАХИ-КАХИ, ДЗІНЬ, ХЛЮП...

Ось слова, які наслідують звук:
Кахи-кахи, бульк, хлюп, ме, му, кукуріку, бах, дзінь, трісь.
Яке слово підходить?
Беатріс кинула золоту сережку в склянку – _____
_____!

Жаба стрибнула в болото – _____!

Бабуся хлюпнула холодної води собі на обличчя –
_____!

Браянова футболка зачепилася за паркан і порвалась –
_____!

Коза озвалась: _____! Корова додала свою думку: _____!

Півень з великим натхненням співав своє «_____
_____».

«_____!» Що це впало?

_____! Що це у повітрі за дим?

РОЗДІЛ 7

У ЧИГИРИНІ

Ось і Чигирин. Мопед зупинився на вулиці Замковій під горою.
— Я ще з вами піднімуся на гору, давно тут не був, - мовив рокер.

Нічого робити, довелося вийти ще й на гору, щоб Макс нічого не запідозрив. На щастя, йти було зовсім недалеко.

— Гору називають Богданова або Замкова, — пояснив Максим. Усю історичну інформацію він пам'ятав добре. Не міг згадати тільки останніх подій.

На горі височів пам'ятник – внизу різні козаки, а посередині, угорі, – Хмельницький з булавою. З гори відкривався краєвид на Чигирин, з іншого боку – на зелені луки, а серед них блакитною стрічкою вився Тясмин.

— Ось вона, столиця Гетьманщини! — урочисто сказав Макс. — Чи я це вже казав?

— Ні, не казали, — лагідно відповіла Беатріс.

А тоді міцно обняла Максима:

— Дякуємо, дуже-дуже дякуємо... На десяту у вас екскурсія, не забудете?

А Максим чухав свою довгу рокерську бороду й думав: «Що це була за вечірка, що вони мені так дякують? І при цьому я нічого не пам'ятаю...»

За десять хвилин вони були вже біля дверей музею.

— Ну все, друзі, заходьте... А я поїхав на роботу, — Макс відкрив перед ними двері й простежив, щоб вони зайшли всередину.

піднятися – to go up
височіти – to rise above
пам'ятник – monument
булава́ – mace
лу́ка – meadow
...блаки́тною стрі́чкою ви́вся Тясми́н – ...Tiasmyn curled like a blue ribbon.
урочи́сто – solemnly

мі́цно обня́ти – to hug tightly
Що це була́ за вечі́рка, що вони́ мені́ так дя́кують? – What kind of party was it that they thank me so much?
заходи́ти – to come in
просте́жити – to watch

ПОРІВНЯННЯ

Коли ми порівнюємо, то вживаємо слова: як, мов, немов, наче, ніби. Всі вони мають однакове значення – like. Наприклад: чистий, як скло. Які порівняння можна утворити?

1. Річка
2. Трава
3. Беатріс
4. Червоний
5. Білий
6. Злий
7. Волосся
8. Швидкий

А Як зелений килим
Б Як копиця сіна
В Як пес
Г Як блакитна стрічка
Д Як ракета
Е Мов королева
Є Мов сніг
Ж Як мак

РОЗДІЛ 8

У ПАСТЦІ

Друзі затамували подих. Вони чекали біля дверей музею, поки мопед не перестане гарчати. Потім вони планували чкурнути на перший автобус у напрямку Запоріжжя.

— Не стійте, як засватані! Заходьте далі! – почули вони раптом скрипучий голос. – Далі, далі! Квитки в мене...

На касі стояла жіночка, схожа на сойку чи ще якусь пташку. Ніс у неї був гачком, наче дзьоб.

— Швидше заходьте!

Друзі помаленьку підійшли до каси.

— А це готель? – спитала Тріс.

— Це музей! – відповіла жінка.

— Тоді ми помилились, ми, мабуть, підемо...

Тріс вже поклала руку на ручку дверей, як вони почули знайоме гарчання мотоциклів. А потім і голоси:
— Він сказав, що вони тут, у музеї.
— Може, це неправда... Він був якийсь дивний... Ніби траву курив...
— То все люлька, ти, дурню! Давай, заходь!
Тріс повернулась до жінки.
— Добре, давайте квитки, тільки швидко!
— Так, двоє дорослих і дитина. Вісімдесят гривень.
— Будь ласка.
— Стоп, рюкзаки – в гардероб.
— Ми без них не можемо.
— Рюкзаки – в гардероб!!!
Друзі швидко поскидали рюкзаки. Жінка повільно й діловито дала кожному номерок. Вони хотіли ховатися, але пізно. Валік і Толік уже стояли на порозі музею.
— О, ще відвідувачі! Прекрасно! Беріть квиточки – і всі разом ідемо на екскурсію. З вас шістдесят гривень. І окуляри чорні знімайте, бо не побачите експонатів. Ну ж бо!
Злочинці заскреготіли зубами. Але що робити? У музеї грабувати людей вони не хотіли — надто великий ризик. Треба дочекатися кінця екскурсії. Чергова гукнула:
— Людо! Ти тут? У нас відвідувачі! Ходи екскурсію проводити!

затамувáти пóдих — to hold one's breath
чкурнýти — to take to one's heels (spoken)
стоя́ти як засвáтаний — to stand like a pillar (idiom)
скрипýчий гóлос — creaking voice
квитóк — ticket
сóйка — jay

ніс гачкóм — hooked nose
дзьоб — beak
помалéньку — slowly
рýчка дверéй — door handle
кури́ти травý — to smoke weed (spoken)
Давáй, захóдь! — Come on in!
гардерóб — cloakroom
поскидáти — to take off
ділови́то — busily

номеро́к – cloak-room ticket
відві́дувач – visitor
бра́ти квито́чки – to take (buy) tickets (diminutive from «квитки́»)
експона́т – exhibit

зніма́ти окуля́ри – to take off the glasses
заскреготі́ти зуба́ми – to start to grind one's teeth
на́дто – too
ри́зик – risk

КОЛИ ЦЕ СТАЛОСЯ?
З'єднайте частини речення.

1. Друзі хотіли тікати,
2. Тріс вже поклала руку на ручку дверей,
3. Друзі здали рюкзаки в гардероб,
4. Жінка дала кожному номерок,
5. Друзі вже хотіли ховатися в залі експозиції,

А коли їм наказала це зробити жінка на касі.
Б коли вони почули гарчання мотоциклів.
В коли почули: «Не стійте, як засватані!»
Г коли Толік і Валік теж зайшли до музею.
Д коли вони здали рюкзаки.

РОЗДІЛ 9

А ТОЧНІШЕ?

Прийшла пані Люда – бабуся з сивим волоссям і в зеленому намисті.
— Прошу вас до першої експозиційної зали.
У центрі був велетенський портрет Богдана Хмельницького. Пані Люда почала розповідати:
— Як ви знаєте, у 17 столітті територія сучасної України була під владою Польщі. Тоді ця держава називалася Річ Посполита. І ви,

звичайно, розумієте, що тоді Україною поширювалось козацтво... Так от, які були причини повстання Хмельницького? Хто знає?

— Людям не подобалась влада, — сказала Тріс.

— Влада — не піна колада, — відповіла жінка, — вона нікому не подобається. А точніше?

— Бабла було мало! Грошей! — сказав Толік.

— А ще точніше?

— Е-е-е... — бандит мовчав і дивився на свої черевики.

— Що? Не знаєте? Соромно, молодий чоловіче, — сказала йому пані. — Со-ром-но! Ну, почнімо з кріпаків. Хто такі кріпаки?

— Ох... — зітхнув Мирослав. — Кріпаки — це селяни, які були ніби «прикріплені» до землі. Їм не дозволяли нікуди їздити. А пани примушували кріпаків працювати.

— Який жах! — вигукнула Тріс.

— Авжеж, — продовжила пані Люда. — Це жахливо і несправедливо. Та й у місті не краще було: не дозволяли українцям, наприклад, щось продавати. А про мову, культуру українську знаєте?

— Ну... Держава не хотіла, щоб українська культура розвивалася. Хотіла, щоб усе було тільки польське, — згадав Мирось.

— А оце правильно, юначе. Мо-ло-дець! — вигукнула пані Люда. — Українці були православні, а поляки — католики. Так вийшло, що коли ти православний — тобі не солодко, ой як не солодко... Того не можна, другого не можна... А козаки що робили? — знову спитала вона.

— Ну, захищали... — почав Мирось.

— Кого захищали?

— Усіх...

— Ех, юначе, от ви наче щось і знаєте, але з точністю у вас проблеми, — сказала пані в зеленому намисті. — Козаки захищали православних! А значить, культуру. Це раз. Селяни тікали від панів і казали, що вони тепер козаки, — це два. А деякі не тікали, а так казали: «Я козак, на панів працювати не буду!». Це три.

— Правильно робили! — вигукнула Беатріс.

— А потім по всій Україні люди говорили, що вони вже козаки, і не будуть панів слухати. І їх за те карали... Ох, жорстокі були часи, — зітхнула пані Люда. Валік позіхав, а Толік колупався в носі.

— Ну добре, тільки я не розумію, до чого тут Суботів... Ми там були, і там... – мовила Беатріс. Тут жінка наче прокинулась і забуботіла:

— Слухайте уважно! Сталося це 1646 року. У Суботові був родинний маєток Богдана Хмельницького, козацького сотника. І от, коли його не було вдома, напав на село один багатій із Чигирина. Село пограбував, ще й забрав жінку, з якою хотів одружитися Богдан Хмельницький.

— Нічого собі, — сказав Браян. — То це його повстання було помстою? – спитав він.

— І це також. Спочатку. Але воно перетворилося у визвольну війну. На українських землях з'явилася нова держава – Гетьманщина.

Толік позіхнув. І його рот був величезний, як чорна діра.

точніше — more exactly
намисто — necklace
експозиційна зала — exhibition hall
велетенський — huge
козацтво поширювалось Україною — cossack lifestyle spread across Ukraine
влада — power
бабло — money (jargon)
Соромно, молодий чоловіче! — Shame on you, young man!
кріпак — historical name of serfs, peasants, treated as slaves
селяни — peasants
прикріплений — attached, «glued»
пан — landlord
жахливо — horrible
несправедливо — unfair

розвиватися — to develop
юначе — young man (address)
православний — orthodox
католик — catholic
не солодко — tough, hard (literally: not sweet)
точність — precision
карати — to punish
жорстокі часи — cruel times
колупатися в носі — to pick one's nose
забубоніти — to start droning on
козацький сотник — cossack chief of a hundred of soldiers
напасти на село — to attack the village
помста — revenge
визвольна війна — liberation war
чорна діра — black hole

⚠️ ЩЕ ОДИН ТЕСТ

Цього разу – історичний. З'єднайте слово (словосполучення) і його значення.

1. Річ Посполита
2. Гетьманщина
3. Повстання
4. Кріпак
5. Визвольна війна

А Війна за волю
Б Історична назва Польщі
В Історична назва України
Г Збройна боротьба проти чогось, що робить влада
Д Безправна людина, яка не мала особистої свободи

РОЗДІЛ 10

ДЕ ТЕПЕР КОЗАЦЬКЕ ЗОЛОТО?

—Головою держави був гетьман. З ним правила рада козаків – козацька старшина. Серед них був писар – він усе записував, суддя – судив, обозний – відповідав за зброю, підскарбій – за скарбницю.

Тут очі Толіка зблиснули. Він навіть перестав позіхати.

— Скарбниця – це цікаво...

— Ага, – прокинувся Валік. – Дуже цікаво!

— У нас багато експонатів є на тему козацьких скарбів.

— Знову скарби... А от мені цікаво про одяг. Що вони носили? Що одягали їхні жінки? Які кольори були модні? – почала невдоволено Тріс.

— О, історичний одяг – це справді цікаво. Як чудово вони вдягалися! Зі смаком. Тільки погляньте: жупани, пояси, красиві шапки...

— Нудьга! Розкажіть про скарби! – завередував Валік.

— Скарби... Це у нас Василь Іванович експерт, – ніби нічого не сталося, продовжувала пані Люда. – У нас справді є чимало експонатів. Наприклад, карта, де заховане козацьке золото...

— Карта? Козацьке золото? А де вона?

— В архіві, там Василь Іванович...

— Нам треба терміново її побачити! – вигукнув Валік.

— Ну вона, розумієте, дуже складна, це тільки Василь Іванович може зрозуміти...

— Я пишу наукову роботу! Про карти, де знайти золото! – вигукнув Валік. Тріс пирхнула.

— А, так би зразу й сказали. Тоді пройдіть за мною. А ви тут зачекайте.

Пані Люда повела Валіка й Толіка ближче до виходу.

— А як же наші клієнти? – спитав Толік. Проте Валік прошепотів:

— Та хай уже... Золото – це номер один. Швидко глянемо, сфоткаємо, а потім до них.

ра́да – council
пра́вити – to rule
позіхну́ти – to yawn
суддя́ – judge
суди́ти – to judge
відповіда́ти за... – to be responsible for...
скарбни́ця – treasury
збли́снути – to shine
зі смако́м – tastefully, stylishly
жупа́н – zhupan, item of historical clothing (long lined garment of oriental origin, worn by noblemen)
завередува́ти – to get capricious

архі́в – archive
терміно́во – urgently
пи́рхнути – to burst out laughing
А, так би зра́зу й сказа́ли. Тоді́ пройді́ть за мно́ю. – You should have told this at once. Follow me.
зачека́ти – wait
бли́жче – closer
А як же на́ші клієн́ти? – What about our clients?
Та хай уже́... – Let it be...
гля́нути – to have a look
сфо́ткати – to take a photo

⚠️ У КОГО ЗЕЛЕНЕ НАМИСТО?

Про кого з героїв ми говоримо? Згадайте інші розділи.

① Має ніс гачком

② Носить шкіряну куртку, чорний світшот, має бороду й металеві ланцюги на поясі

③ Носить зелене намисто

④ Має міцні біцепси й карі очі

⑤ Були з вудками, їздили на мопедах, носять старі штани та футболки

РОЗДІЛ 11

СКАРБИ, РАБИ Й ВАСИЛЬ ІВАНОВИЧ

Валік і Толік чекали Василя Івановича добрих десять хвилин. Злодії крутилися мов мухи в окропі. Нарешті в залі з'явився дідок років дев'яноста чи ста й дуже повільною ходою почав наближатися. Перед собою він котив візок. На візку лежала коробка.

— Це що таке? — здивувався Валік. Очі його були круглі як п'ять копійок.

— Панове, це ви цікавилися схемою козацьких поховань?

— Ми, ми, тільки не поховань, а скарбів!

— Рабів?

— Та ні, нам цікаво, де гроші...

— Хороші, хороші. Це дуже хороші карти. Оригінали. Тільки я вас попрошу надіти рукавички й не кашляти на них.

— Та він глухіший, ніж баба Маруся! — вигукнув Толік.

— Не боюся, кажеш? Правильно, синку, не бійся! Усе заради науки! — сказав на те Василь Іванович. — Я віддав науці 78 років свого життя! Так, подивимось, що тут.

На Толіка й Валіка напала нетерплячка. Вони переступали з ноги на ногу, наче дуже хотіли в туалет. Дід помалесеньку начепив білі рукавички, відкрив коробку, дістав першу карту й нарешті розгорнув її на столі. Злодії схилилися над нею. Але що це? На карті були якісь трикутники, квадрати, лінії й написи закрученою незнайомою мовою.

— Що це за мова?

— Так, це кльово... — замріяно сказав дідок над картою.

— Яка це мова?!! — закричав Валік на вухо діду.

— Староукраїнська, — відповів той. — І не треба так волати, синку, я все чую.

— Еге ж, чуєш... – гмикнув Толік. – Розказуйте про скарб!!!
Василь Іванович придивився.
— Оце Чигирин, – показав він. – це Медведівка, це Стецівка, це річка Тясмин, ось це – потік Калинівка, а це Семидубова гора.
— А де скарб?! – нетерпляче спитав Толік.
— Скарб? А, зараз... – і дідусь почав водити пальцем по карті. – Десь він тут був... Може, оце він? Ой ні, то якийсь сарай... Стривайте... Ось він, точно! Ні, вибачте, панове, то криниця. Де ж він був?
Дідусь майже торкався карти носом.
— Хвилиночку, мені треба поміняти окуляри. Подай, синку, оті...
Толік подав дідові окуляри, що лежали на вікні. Але і це не допомогло.
— Потрібна лупа. Піди, синку, у мій кабінет, він праворуч, і принеси лупу, – сказав він Валіку.
Валік злився і був червоний як рак. Але понад усе його цікавили гроші. А тут такий шанс... І він приніс діду лупу. Василь Іванович деякий час уважно дивився на карту, а потім вигукнув:
— Є! Знайшов! Тут багато хрестиків!
— Та то кладовище! – вигукнув Валік. – Діла не буде! Біжімо за іноземцями й малим! Цей старий пеньок нам більше ні до чого!
Останнє речення Василь Іванович почув добре.
— Може, я і старий, але далеко не пеньок... – образився він. – А ти, синку... Ти дурний, як сало без хліба!

до́брих де́сять хвили́н – a good ten minutes
крути́тися мов му́ха в окро́пі – like a dervish (literally: to spin like a fly in boiling water) (idiom)
хода́ – walk
наближа́тися – to come closer
коти́ти – to roll

візо́к – cart
коро́бка – box
пано́ве – respected sirs (address)
ціка́витися – to be interested in
схе́ма – scheme
коза́цькі похова́ння – cossack burial
раб – slave
оригіна́л – original

попроси́ти – to ask
рукави́чки – gloves
Не бі́йся! – Don't be afraid!
си́нку – son (address)
Усе́ зара́ди нау́ки! – It's all for the sake of science!
на них напа́ла нетерпля́чка – they were desperate for the loo (idiom)
переступа́ти з ноги́ на но́гу – to shift from one foot to the other
помале́сеньку – very-very slowly
начепи́ти – to put on (spoken)
кльо́во – cool (slang)
староукраї́нська мо́ва – Old Ukrainian language (14-18 centuries)
вола́ти – to shout
гми́кнути – to say «hmm»

розка́зувати – to tell
Стрива́йте... – Wait... (imperative)
хвили́ночку – just a minute
лупа́ – magnifying glass
пода́ти – give
кабіне́т – cabinet
принести́ – to bring
по́над усе́ – above all
хре́стик – little cross (diminutive from **«хрест»**)
кладови́ще – cemetery
Ді́ла не бу́де! – It won't work out! (idiom)
бі́гти – to run
стари́й пенько́к – old guy (literally: old stump)
ні до чо́го – of no use
дурни́й, як са́ло без хлі́ба – stupid (literally: stupid as lard without bread) (idiom)

ЦЕ СТАЛОСЯ, БО...
Яка була причина? Знайдіть потрібну!

1. Дідусь чув не ті слова, бо...
2. Василю Івановичу треба були окуляри, бо...
3. Толік і Валік попросили карту скарбів, бо...
4. Визвольна війна почалася, бо...
5. Валік був червоний як рак, бо...
6. Злодії нічого не могли прочитати на карті, бо...

А ...вони хотіли знайти гроші.
Б ...мова була староукраїнська.
В ...селянам і козакам не подобалось, що робили багатії.
Г ...дуже сердився.
Д ...він не дуже добре бачив.
Е ...погано чув.

РОЗДІЛ 12

ВИХІД У ДНІПРО

— Треба тікати, поки не пізно! – прошепотів Браян.
— Ваша екскурсія дуже цікава, але нам справді треба... – почав Мирось.
— У мене є для вас подарунок, – сказала раптом Тріс і простягла пані Люді одну зі своїх п'яти помад. – Вона вам буде так личити! Тільки продовжуйте говорити, я вас благаю!

Очі в пані Люди полізли на лоба, але вона не зупинилася ні на секунду: розповідала й розповідала далі про історичний одяг.

А друзі тим часом тихенько пройшли назад до гардероба, взяли рюкзаки й вийшли на вулицю.

— А тепер біжімо! – прошепотів Мирось.
— Але куди?
— Треба спіймати машину або автобус...

Вони вибігли на вулицю Гетьманську, та раптом почули, що за дверима музею щось відбувається.

— Сюди! – Мирось потяг друзів між приватні будинки, що стояли з іншого боку вулиці.

Щойно вони сховалися за однією хатою, з музею справді вибігли Толік і Валік.

— Я – праворуч, а ти – ліворуч! – скомандував останній.
— Треба сховатися... – прошепотіла Тріс.

Друзі, не довго думаючи, перелізли через паркан і забігли в чийсь сарай.

— О, у нас гості! – зраділи дві кози та одна гуска.
— Ми ховаємось, – сказала Беатріс.
— Від кого? – спитала гуска.

— Від злодіїв. Вони нас шукають… — і Тріс у кількох словах переказала тваринам їхні пригоди. — Не думала, що доведеться просити поради в кози чи гуски, але… Дорогенькі, що нам робити?

— Думаю, є один вихід, — сказала хитро руда коза. — І це — вихід у Дніпро. Дивіться, он на гачку висить ключ. Це ключ від моторного човна. Вилазьте з сараю і йдіть прямо до Тясмину. Там в очереті прив'язаний до верби білий моторний човен. Заводьте човен і тікайте!

— Але ж це човен вашого господаря, ми не можемо його вкрасти.

— А ви потім повернете, — мекнула руда.

— Насправді він не дуже добре пам'ятає, що в нього є, — засміялася інша коза, чорна. — Василь Іванович пам'ятає тільки давні часи.

— Це не смішно, — штовхнула її рогом руда.

— Коротше, беріть човен і тікайте, повернете з відсотками, — проґелґотіла гуска.

Тріс кивнула і зняла з гачка ключ.

— Переклади нам з козячої мови на людську! — попросили хлопці.

— Перекладу по дорозі! Дякуємо вам…

За кілька хвилин старий моторний човен із зарослого очеретами Тясмину виринув на широке плесо Дніпра.

— Ой, яка краса… — мовила захоплено Тріс.

Широченна повільна річка несла білий човник уперед, на Хортицю.

подару́нок — gift
продо́вжувати говори́ти — to keep talking
блага́ти — to beg
о́чі полі́зли на ло́ба — eyes popped out of one's head
спійма́ти маши́ну — to catch a car
схова́тися — to hide oneself
скома́ндувати — to command, to order
не до́вго ду́маючи — without hesitation (idiom)
перелі́зти — to climb over
гу́ска — goose (female)

у кількóх словáх – in a few words
переказáти – to retell
Є одѝн вѝхід, і це – вѝхід у Дніпрó. – There is an exit, and this is an exit to Dnipro.
мотóрний чóвен – motorboat
вилáзити – to climb out
очерéт – reed
прив'ѝзаний – tied
вербá – willow

повернýти – to return
штовхнýти – to push
проґелґотíти – to honk
переклáсти – to translate
кóзячий – goat (adjective)
людськѝй – human (adjective)
по дорóзі – on the way
зарóслий очерéтами – overgrown with reeds
вѝринути – to emerge
плéсо – stream pool
широчéнний – very wide

❓ ОЙОЙ, МИ ПРОПУСТИЛИ ПРИСЛІВНИК!

Знаєте, який? Оберіть і підставте:
радісно, коротко, добре, хитро, швидко, помалесеньку

❶ Василь Іванович _____ начепив білі рукавички.

❷ Друзі _____ пройшли до гардеробу і вийшли за двері.

❸ Кози, які жили в сараї, _____ привітали гостей.

❹ «На гачку висить ключ від човна…» – _____ сказала одна коза.

❺ Тріс _____ переказала козам пригоди.

❻ Василь Іванович _____ пам'ятає давні часи.

РОЗДІЛ 13

ПЛИВЕ ЩУКА З КРЕМЕНЧУКА

Води навколо було дуже багато. Аж занадто. Браян подивився на ґуґл-карту.

— Це водосховище. Кременчуцьке.

— Водосховище? — спитала Беатріс. Вона була за кермом човна.

— Так. Тут ніби «схована вода», — пояснював Мирослав. — А Кременчуцьке, бо недалеко місто Кременчук. Тут на річці сходяться три області — Черкаська, Кіровоградська й Полтавська.

— А зараз ми в якій?

— Зараз у Кіровоградській, — відповів Браян. — Тільки головне місто тут чомусь називається Кропивницький...

— Ну, це місто теж довго називалося Кіровоград, тому й область така. А зараз Кропивницький, — пояснив Мирось.

— А Кропивницький — це тому, що там багато кропиви? — спитала Тріс.

— Хто знає. А взагалі, це від прізвища. Там жив Марко Кропивницький. У цьому місті він відкрив перший професійний український театр. Він був актором і написав багато п'єс.

Браян тим часом і далі дивився на телефон.

— Скоро буде Кременчук... — сказав він. — О, слухайте, тут пишуть, що там є пам'ятник щуці! Прикольно!

— Ану дай! — не повірила Беатріс і взяла в нього телефон. — Точно, пишуть. Бо є така пісня... Ану... — вона відкрила нову вкладку й почала читати:

Пливе щука з Кременчука, пливе собі стиха,
Хто не знає закохання, той не знає лиха.
Пливе щука з Кременчука, луска на ній сяє,
Хто не знає закохання, той щастя не знає...

— Ох, це точно, — зітхнула Тріс.

— А я зовсім інше згадав! — засміявся Мирослав. — Мені мама не таке читала:

Пливе щука з Кременчука, по воді хвостяка грюка,
Зуби ножами, очі...

- Е-е, а що це там таке? — перебив Браян.

- А, це Кременчуцька ГЕС, — відповів Мирослав. Гідроелектростанція. Там виробляють електрику.

Раптом на дамбі друзі розгледіли два знайомі обличчя. Чоловіки були в темних окулярах і дивилися в бінокль.

— Пригніться! Це вони... Дивляться просто на нас!

— Що будемо робити?

— Мерщій, Тріс, на повну швидкість і в канал!

Зуби ножами, очі ліхтарями,
хто не миє руки,
чорні від грязюки,
у водичку-крижаничку попаде до щуки!!![1]

— закінчив на емоціях Мирослав.

---

[1] Олег Головко

занадто – too
водосховище – water reservoir
за кермом – driving (at the steering wheel)
сходитися – to come together
чомусь – for some reason
кропива – nettle

театр – theater
професійний – professional
актор – actor
п'єса – play (theater)
щука – pike
прикольно – cool, funny (slang)
ану – particle used to make sb do sth (spoken)

Пливе щука з Кременчука,
пливе собі стиха,
Хто не знає закохання,
той не знає лиха.
Пливе щука з Кременчука,
луска на ній сяє,
Хто не знає закохання,
той щастя не знає...
Пливе щука з Кременчука,
по воді хвостяка грюка,
Зуби ножами, очі ліхтарями,
хто не миє руки,

чорні від грязюки,
у водичку-крижаничку
попаде до щуки!!!

The pike's floating from
Kremenchuk, floating quietly,
That who doesn't know love
doesn't know troubles.
The pike's floating from
Kremenchuk, its scales are shining,
That who doesn't know love
doesn't know happiness...
The pike's floating from
Kremenchuk, its tail hits the water,
Its teeth are like knives, its eyes
are like lamps,
That who doesn't wash his hands,
Dirty, in mud,
Should go to the freezing water,
to the pike!!!

перебити – to interrupt
гідроелектростанція – hydroelectric power station
виробляти – to produce
електрика – electricity
дамба – dam

розглядіти – to see, to notice
пригнутися – to bend down
мерщій – quickly
канал – channel
на емоціях – with emotions, emotionally

ЩО ТУТ ВИРОБЛЯЮТЬ?

Напишіть, що тут виробляють.
Наприклад: На паперовій фабриці виробляють папір.
Слова на вибір: консерви, хліб та булочки, одяг, взуття, кетчуп, літаки, електричну енергію.

1. На взуттєвій фабриці виробляють _____
2. На електростанції виробляють _____
3. На фабриці «Смачна баночка» виробляють _____
4. На заводі «Антонов» виробляють _____
5. На фабриці «Чумак» виробляють _____
6. На фірмі «Мода та стиль» виробляють _____
7. На заводі «Київхліб» виробляють _____

РОЗДІЛ 14

ЩО ТАКЕ ПЛАВНІ?

Так вони пливли кілька годин, а коли втомилися, запливли в очерет. Там були страшенні зарості. Мокрі й холодні, друзі нарешті вилізли на берег на якомусь острівці й вирішили розпалити багаття. Сірники, пальник і запасний одяг, на щастя, були в рюкзаках. Тріс розкладала намет, Мирось шукав сухі гілки на дрова, а Браян почав готувати вечерю.

Слава Богу, до таких умов усі були підготовлені: Браян, як ви знаєте, був навчений скаутським дитинством, Мирось навчився цього в «Пласті», ну а Тріс просто знаходила радість у всіх незвичних ситуаціях. Як і зараз. Вона сиділа на кариматі вже в сухому одязі, дивилася на вогонь, на свого коханого й чекала, поки він приготує на пальнику вермішель швидкого приготування «Мівіна».

— А ви впевнені, що нас не знайдуть за димом? — спитала вона.

— Зараз не знайдуть, — сказав Мирослав і поклав сухі гілки. — Ми далеко втекли. Ми втерли їм носа!

— А що це за місце? — спитав Браян. — По карті тут... Кременчуцькі плавні. Що таке плавні?

— Оце вони і є, — відповів Мирослав. — Це такі зарості на воді, щось схоже на болота. Багато очерету, острівців, рукавів поміж ними... Плавнів багато на Дніпрі. У них козаки робили схованки. Козаки були майстрами ховатися у плавнях!

— То ми зараз — як козаки... — сказала Беатріс.

— Саме так, — відповів Браян. — Ось твоя «Мівіна». А ось твоя, — він розклав вермішель по залізних туристичних мисках.

— Ну як вам «Мівіна»? — спитав Мирось. — Не зовсім те, що бабця готує, еге ж?

— Смакота! — задоволено відповів Браян.

страше́нні за́рості — terrible thickets
острі́вець — small island (diminutive from **«о́стрів»**)
сірни́к — match
пальни́к — tourist burner
запасни́й — extra, spare
наме́т — tent
розкла́дати, розкла́сти наме́т — to pitch a tent (imperfective/perfective)
гі́лка — branch (here – used as firewood)
підгото́влений — prepared
на́вчений — trained

дити́нство — childhood
карима́т — mat
по́ки — until, while
вермі́шель швидко́го приготува́ння — instant noodles
втерти но́са — to outsmart someone (literally: to rub sb's nose) (idiom)
плавні́ — water meadow, reed bed
Оце́ вони́ і є. — Here they are.
рука́в (рі́чки) — river arm
ми́ска — dish
Ну як вам ...? — So what do you think of...?

❓ ВИ ГОТОВІ НОЧУВАТИ НА ПРИРОДІ?

А ви готові до походу? Знаєте, що треба брати з собою? З'єднайте слово та його значення. Незнайомі слова шукайте у словнику.

1. Рюкзак
2. Пальник
3. Сірники
4. Дрова
5. Каримат
6. Намет
7. Спальний мішок (спальник)

А Сумка, яку носять на плечах
Б Сумка, у якій туристи сплять
В Килимок для туриста
Г Маленькі шматки дерева + сірка (Sulfur), якими можна розпалити вогонь
Д Сухі гілки, палки, які можуть горіти
Е «Хата» туриста
Є Маленька плита (балон з газом, на якому можна приготувати їжу)

РОЗДІЛ 15

ОСЬ ВОНА!

Наступного дня друзі зробили каву на вогні й швидко зібралися в дорогу. У човні скоро закінчилося пальне… Тому вони взяли весла.

Браян гордо скеровував човен між плавнями, а іноді поглядав на карту в телефоні. Не завадило б його вже зарядити, але поки пристрій працював, Браян орієнтувався добре. Пливти без мотора було навіть приємніше – нічого не гуркотіло.

На ніч Беатріс обирала дикий острів, який їй найбільше подобався. Човен друзі ховали в очереті. З їжею проблем не було: варто було тільки пристати до берега в якомусь селі, рюкзаки наче самі заповнювалися продуктами. То крамнички ставали в пригоді, то базари, то дикі яблуні та груші, а часто хтось їх просто пригощав.

Зрештою, друзі дісталися Запорізької області, а потім і самого Запоріжжя. Місто височіло по обидва боки Дніпра. Мандрівники прибули до наступної ГЕС – Запорізької, знову проплили каналом біля дамби… І тоді побачили її – Хортицю. Ось вона! Нарешті…

пальне́ – fuel
весло́ – paddle
скеро́вувати – to direct sth
погляда́ти – to look from time to time
не зава́дило б – it would be good to
заряди́ти телефо́н – to charge a phone
при́стрій – gadget
орієнтува́тися – to orient, to navigate
ва́рто було́ ті́льки… – once they…

гуркоті́ти – to roar
приста́ти до бе́рега – to come ashore
запо́внюватися – to fill
проду́кт – product, food
става́ти в приго́ді – to come in handy
ди́кі я́блуні й гру́ші – wild apple trees and pear trees
зре́штою – at last
по оби́два бо́ки Дніпра́ – on both sides of Dnipro
мандрівни́к – traveler
прибу́ти – to arrive

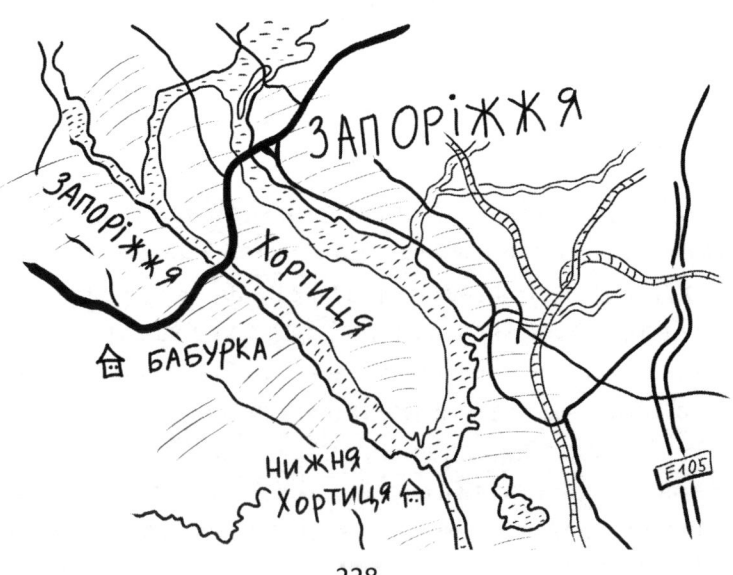

ОБЕРІТЬ ПРАВИЛЬНУ ВІДПОВІДЬ:

1. Хто ніколи не був у скаутській організації?
   - **А** Браян
   - **Б** Мирослав
   - **В** Беатріс

2. Де друзі не брали й не купували їжу?
   - **А** У крамничках і на базарах
   - **Б** Біля диких яблунь і груш
   - **В** На фермах з молоком та яйцями

РОЗДІЛ 16

КОЗАЦЬКА МИСКА

—Е-е-е, не хочу нікому псувати настрій, але в нас проблеми, — сказав Мирось і показав пальцем угору.

Хлопець і дівчина підняли очі. Тільки зараз вони звернули увагу на нав'язливий звук, що долинав згори.

— Я думав, що то ГЕС гуде... — сказав Браян.

Однак то була не ГЕС. Над човном кружляв механічний параплан.

— А ось і ми! — помахав Толік і зблиснув золотим зубом. Валік був за кермом.

— Ану женіть сюди козацькі манатки, і бігом!!! — вигукнув зловісно Валік.

— У вас немає виходу! Валік, знижуй!

І бандити наблизилися до човна впритул.

— Забирайтеся геть!! — кричала Тріс. — Нічого ми вам не дамо!!!

— Що-що? Комарі, напевне, гудуть! — реготав Толік.

Мирослав розізлився і стукнув Толіка веслом.

— Ах ти ж стерво мале! — образився той. — Я такого не терпітиму! Ну все!!! Валік, спускай захоплювальну машину!

Згори опустилися велетенські кліщі, ніби клешні рака. Вони захопили човник за краї й підняли над водою.

— Непоганий був улов на минулій вилазці! — радів Валік. — Гарну машинку ми в того сільського інженерчика свиснули!

А Толік звисав на канаті, наче той акробат, і підказував напрямок.

— Правіше! Трохи назад! Тепер лівіше! Сюди їх!

Човен перенесли над Дніпром на один острів. У його центрі була заглибина. Туди й опустили човен. Місця для параплана там більше не було.

— Ну що, друзяки, ви в мисці! — гиготів Толік.

— Ви хотіли сказати, «у пастці», — виправив його Мирось.

— Ні, у Мисці! Думаєш, такий розумний? Ги-ги-ги! Молокосос ти ще, от хто ти насправді!

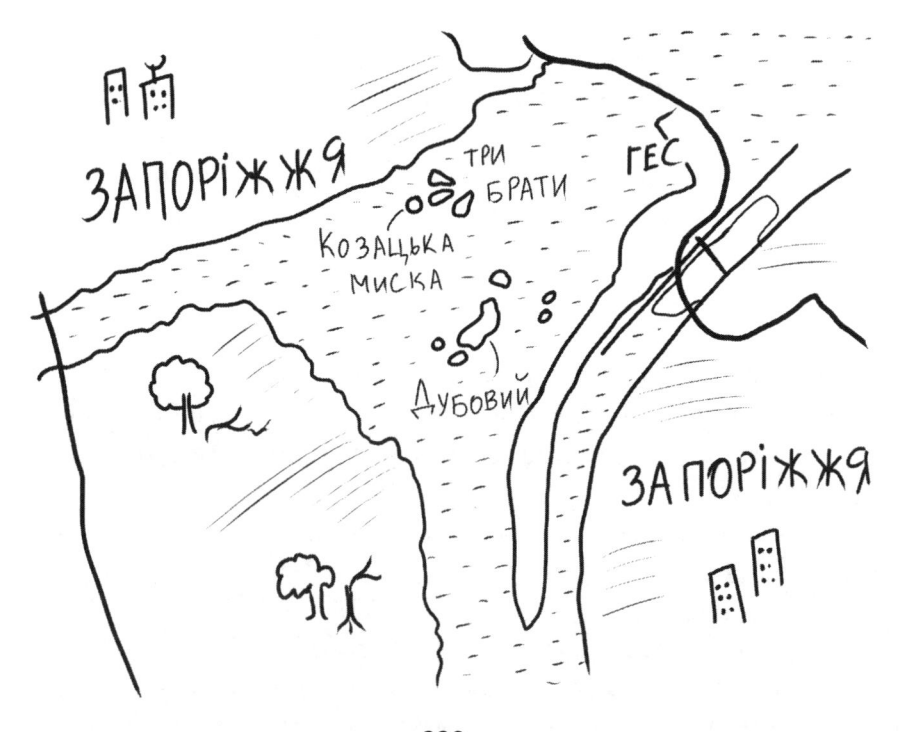

— Слухайте, — озвався Браян. — Я і справді щось таке на карті бачив... Там був острів Козацька Миска. Може, це вона і є?

— О, індіанець обізвався! — зареготав знову Толік. — Вона-вона! Тут козаки юшку варили! А тепер ви тут будете сидіти, поки все не віддасте! Інакше з вас самих буде юшка! Бабахнемо камінчик зверху — і мокрого місця від вас не залишиться!

— Давай люльку, — прошепотів Мирось.

Браян швидко чиркнув запальничкою. Та щойно він витяг люльку, як злодії наділи на носи маски.

— Газова атака! — крикнув Толік. — Ви думали, ми такі дурні? Ех, малий-малий...

Він забрав у Мирося люльку і віддав напарнику. Тоді зірвав капшук з його пояса й теж передав Валіку. Майже всі козацькі скарби тепер були у бандитів. Толік схопив Мирослава за шкірки й підняв угору.

— Лишається біжутерія... Вона у дівки... Давайте, а то зараз я малого сюди як кину... Ой! Ой! Та що за чорт!

На Толіка раптом налетіла сорока і дзьобнула його в чоло.

— Дівчата, сюди! — почула Беатріс, і ціла зграя сорок налетіла на параплан.

Одні дзьобали в голову Толіка, інші Валіка, а решта робили дірки в параплані.

— Ой! Бісові сороки! Їх тут сорок штук!

— Хитру соро́ку спійма́ти моро́ка, а на со́рок соро́к со́рок моро́к! — стрекотіли вони. — Со́рок! Соро́к! Соро́к! Соро́к! Скре-ке-ке! Со́рок соро́к — со́рок дзьобів, стукнемо вас со́рок разів!

Параплан перекособочився. Крило зморщувалось, він нахилявся дедалі більше. Згори озвався свист.

— Досить! Забираймося, а то гепнемося просто тут! — вигукнув Валік.

— А що з молококсосом?

— Кидай! Ми не можемо брати баласт!

І Мирось із вереском полетів униз. Та з десяток сорок схопили його лапами за футболку і встигли пом'якшити падіння.

ЯК ІНОЗЕМЦІ КОЗАКА РЯТУВАЛИ

псувáти нáстрій – to spoil the mood
нав'язливий – obsessive
долинáти – to be heard
згори́ – from above
гудíти – to buzz
кружля́ти – to fly around
механíчний – mechanical
параплáн – paraglider
Анý женíть сюди́ козáцькі манáтки, і бігóм! – Give us the cossack things quickly! (jargon)
зни́жувати – to lower

впритýл – close up to (adverb)
забирáтися – go away
дáти – to give
розізли́тися – to get angry
стýкнути – to hit
Ах ти ж стéрво малé! – You little son of a bitch!
обрáзитися – to get offended
терпíти – to tolerate, to stand
спускáти – to lower, to down
захóплювальна маши́на – grabbing machine
клíщі – pincers
клешня́ рáка – crayfish claw

захопи́ти за краї́ – to grip the edges
уло́в – haul (jargon)
ви́лазка – foray
сви́снути – to snatch, to steal (jargon)
звиса́ти – to hang
кана́т – rope
акроба́т – acrobat
загли́бина – cavity
гиготі́ти – to giggle (spoken)
обізва́тися = обізва́тися – to respond
ю́шка – soup
Бу́дете сиді́ти, по́ки все не віддасте́. – You'll be sitting until you give everything to us.
Іна́кше з вас бу́де ю́шка! – Otherwise we'll make a soup out of you!
Баба́хнемо камі́нчик вели́кий зве́рху – і мо́крого мі́сця від вас не залиши́ться! – We'll throw a big stone from above – and you'll be flattened into a pancake! (literally: no wet place will be left)
запальни́чка – lighter
га́зова ата́ка – gas attack
напа́рник – partner
за шкі́рки – by the scruff of the neck
біжуте́рія – imitation jewelry

налеті́ти – to fly over
дзьо́бнути – to peck (perfective)
згра́я – flock
дзьо́бати – to peck (imperfective)
ре́шта – rest
со́рок штук – forty
Хи́тру соро́ку спійма́ти моро́ка, а на со́рок соро́к со́рок моро́к! – a tongue twister (literally: It's a trouble to catch a cunning magpie, and to catch forty magpies – forty troubles.)
Со́рок соро́к – со́рок дзьо́бів – сту́кнемо вас со́рок разі́в! – Forty magpies – forty beaks – forty times we'll hit you!
перекособо́читися – to warp
змо́рщуватись – to wrinkle
крило́ – wing
Забира́ймося, а то ге́пнемося про́сто тут! – Let's get out, or we'll fall right here!
Ки́дай! Ми не мо́жемо бра́ти бала́ст! – Throw him! We can't take the ballast!
ве́реск – scream, yell
з деся́ток соро́к – a dozen magpies
пом'якши́ти паді́ння – to soften the fall

⚠️ ОБЕРЕЖНО, НЕ БАБАХНИ ЗІ СТІЛЬЦЯ...

Толік і Валік не дуже гарно говорять. Тут є трохи їхніх слів.

У першій колонці є дивні слова (жаргон, сленг). З'єднайте слова в різних колонках, що мають однакове значення.

1 Бабахнемо   **А** Кинемо

2 Друзяки   **Б** Речі

3 Женіть   **В** Хлопчик

4 Свиснули   **Г** Давайте сюди

5 Молокосос   **Д** Друзі

6 Манатки   **Е** Вкрали

РОЗДІЛ 17

НА ХОРТИЦІ

— Не плач, Беатріс, головне, що ми цілі, — заспокоював дівчину Браян. — Ну а ти як?

— Та наче нормально, — Мирослав тер забите коліно.

Друзі обережно вилізли з човна, спустили його на воду й таки пришвартувалися на Хортиці. Човен був пом'ятий, але що вдієш...

Вони знайшли зарості, розклали спальники й сіли. Вогонь розпалювати боялися. Навіть намета не поставили. Було дуже сумно.

Пугукали сичі.

— Пугу-пугу!

— Козак з лугу!

— Що це ви розпугукалися? – сказала злісно Беатріс. Сережка досі була в її вусі. — Тут і так погано, ще й ви страху наганяєте!

— Хочемо – пугукаємо, не хочемо – не пугукаємо, – відповів один сич.

— Так-так, це наша територія, а ви, туристи, тут не командуйте. Пугу-пугу!

— Хто там?

— Козак з лугу! – продовжували птахи.

— А до чого тут козак? – спитала Тріс.

— Це такий пароль. Нам подобається!

— Еге, вовк навчив! Так прикольно... Пугу-пу...

— Та досить вже! Краще скажіть, який вовк, – попросила дівчина.

— Ходить тут один. Дивний він, правда. Каже, що старий дуже. Мовляв, пам'ятає, коли ще смартфонів не було. Інтернету не було. Фотоапаратів... І всього такого. І жінок не було тут. Одні козаки.

— А ще він шапку носить, – додав інший сич.

— Здається, нам треба з ним познайомитися... – сказала Тріс. – Тільки шкода, що все так сумно закінчилося. Людський вигляд ми вже не зможемо йому повернути.

ми цíлі — we are all right (not hurt)
заби́те колíно — injured knee
спусти́ти чóвен на вóду — to launch the boat into the water
таки́ — after all
пришвартувáтися — to come ashore
пом'я́тий — dented
що вдíєш — we can do nothing about it (idiom)

пугýкати — to hoot
сич — horned owl
Що це ви розпугýкалися? — Why are you hooting and hooting?
дóсі — till now
наганя́ти страх — to foster fear
комáндувати — to give orders
луг — meadow
парóль — password
дóсить вже — enough
мóвляв — he says

ОБЕРІТЬ ПРАВИЛЬНУ ВІДПОВІДЬ:

1. Чому плакала Беатріс?
   А Всі скарби забрали злочинці
   Б Дуже боялася сов
   В Шкода було пом'ятого човна

2. Хто навчив сов говорити «Пугу-пугу — козак з лугу»?
   А Тарас Шевченко
   Б Северин Вовк
   В Богдан Хмельницький

3. Чому Тріс вирішила, що все сумно закінчилось?
   А Тому що без скарбів друзі не зможуть перетворити вовка на писаря
   Б Тому що без скарбів друзі не зможуть перетворити вовка на козака
   В Тому що без скарбів друзі не зможуть перетворити козака на вовка

РОЗДІЛ 18

НА ГАЧКУ

Уранці хлопці все-таки вирішили запалити невеличке багаття, щоб зробити чаю. Вони і пішли збирати сухі гілки.

— Ви йдіть, а я ще трохи полежу, — сказала сонна Беатріс. Вона лежала, загорнута у помаранчевий спальник, як велика гусінь, і солодко позіхала.

ПАРАШУТ
МЕХАНІЧНИЙ ПАРАПЛАН
ПРОПЕЛЕР
СПАЛЬНИЙ МІШОК
ГАЧОК
ГУСІНЬ
НАД ДЕРЕВАМИ

Браян назбирав уже повні руки гілок, коли почув над вухом:

– Пугу-пугу!

– Та що це ви знов розпугукались? – роздратовано махнув він рукою.

Та це не допомогло. Сови мало не сідали хлопцеві на голову й плечі. Вони ніби хотіли покликати його за собою. Врешті Браян здався і пішов за неспокійними птахами. До нього приєднався Мирось.

— А що це за... — Браян почув знайоме неприємне гуркотіння й підняв голову.

Там, над деревами, знову висів поремонтований параплан огидного бурякового кольору. З нього спускався довгий канат із гачком.

— Беатріс!!! Прокинься! — вигукнув Браян.

Хлопці випустили з рук усі дрова й побігли до подруги, що спала, загорнута в спальник. Та гачок швидко підчепив оранжеву «гусінь» і підняв над дубами. Коли хлопці добігли, помаранчевий спальник із Тріс вже гойдався високо над гілками дерев.

полежа́ти – to lie
заго́рнутий – wrapped
гу́сінь – caterpillar
со́лодко – sweetly
ма́ло не... – almost...
покли́кати за собо́ю – to call, to ask to follow
поремонто́ваний – repaired

оги́дний – disgusting
ви́пустити з рук – to release
дро́ва – firewood
підчепи́ти – to hook up
дуб – oak-tree
добі́гти – to run to, to reach
гойда́тися – to swing

А ВАМ ПОДОБАЄТЬСЯ КОЛІР БУРЯКА?

Параплан був огидного бурякового кольору.

Утворіть назви кольорів:

1. Вишні – _____ колір (cherry)
2. Сливи – _____ (plum)
3. Персик – _____ (peach)
4. Морква – _____ (carrot)
5. Смарагд – _____ (emerald)
6. Оливки – _____ (olive)
7. Лимон – _____ (lemon)

РОЗДІЛ 19

СВАРКА

Сови втомлено сіли на пеньки. Нарешті вони донесли своє повідомлення, але було пізно... Тріс викрали!

Браяна ніби холодною водою облили. Він кинувся по свій рюкзак.

— Куди ти? — спитав Мирослав.
— Як куди?! Рятувати Тріс!
— Але куди конкретно?

Браян зупинився.

— Не знаю, але ми мусимо бігти! Ти бачив, що в них є зброя? Якщо вони захочуть помститися... Ці падлюки будуть дуже злі на Тріс... А за допомогою люльки вони тепер можуть замести будь-які сліди злочину! І втекти будь-куди, хоч на Багами... Тріс у великій, дуже великій небезпеці!

— Це так... Але куди нам бігти? У нас немає зброї, немає більше магічної люльки чи сережки... Може, час дзвонити в поліцію?

Браян витяг з кишені телефон, але екран більше не світився. Батарейка сіла. Він спробував витягти й знову вставити батарейку, але це не допомогло. Мобільний здох.

— Поки ми знайдемо електрику чи якийсь інший телефон, хтозна, що станеться з Беатріс... — Браян хвилювався. — Біжімо на звук!

Мирослав ляснув себе по лобі, як він це часто робив:

— Думай, Браяне! Думай головою! Нам треба план!
— Вічно ти зі своїми дурними планами! — розлютився хлопець. — Її, може, вже десь катують або змушують дихати димом з люльки!
— Але треба придумати спочатку, як їх перемогти!
— І що ти пропонуєш?
— Я... Я не знаю, але треба...

— Отож! — крикнув Браян. — Хочеш, то сиди тут, як пеньок, і думай! Я не можу нічого не робити. Я пішов!

— То й іди! — образився Мирослав. — Мозок у тебе, як у курки!

Браян розлючено стукнув ногою дерево й побіг геть. Мирослав стис кулаки, а обличчя його налилося кольором томатного соку.

втóмлено — tired (adverb)
пеньóк — stump (diminutive from «пень»)
донестú повідóмлення — to deliver a message
вúкрасти — to kidnap
Брáяна нíби холóдною водóю облилú. — Brian felt as if he were thrown cold water on (idiom)
Кудú конкрéтно? — Where exactly?
захотíти — to want
помстúтися — to take revenge
падлю́ка — scoundrel
заместú слідú злóчину — to cover the tracks of the crime
бу́дь-який — any
бу́дь-куди — anywhere
хоч на Багáми — even to Bahamas

батарéйка сíла — the battery has run down
вúтягнути — to pull out
встáвити — to put inside
здóхнути — to die (spoken)
хтóзна — who knows
стáтися — to happen
бíгти на звук — run in the direction of the sound
ду́мати — think
розлютúтися — to get furious
катувáти — to torture
зму́шувати — to make sb do sth
отóж — surely, of course
мóзок — brain
побíгти геть — to run away
стискáти кулакú — to clench one's fists
налúтися кóльором томáтного сóку — to turn red (like tomato juice)

ОБЕРІТЬ ПРАВИЛЬНУ ВІДПОВІДЬ:

1. Що хотів робити Браян?
   А Придумати план
   Б Бігти на звук параплана
   В Телефонувати в поліцію

2. Що пропонував Мирослав?
   - **А** Придумати план
   - **Б** Бігти на звук параплана
   - **В** Телефонувати бабусі

3. Обличчя Мирослава налилося кольором томатного соку. А як злився Браян?
   - **А** Він вдарив Мирослава
   - **Б** Він розірвав спальник
   - **В** Він вдарив ногою дерево

РОЗДІЛ 20

ЯК СКАУТ ПЕРЕТВОРИВСЯ НА ГУСІНЬ

Браян біг на звук параплана. Той, наче велика муха, що несла свою личинку, летів і дзижчав над островом. Пілоти раділи й, мабуть, не помічали цяточки, що рухалася за ними внизу.

Браян недарма був скаутом стільки років. Він легко визначив азимут і приблизну відстань до об'єкта, коли той почав ховатися між деревами, і побіг через ліс навпростець.

О, а це що? Здається, це помамда Тріс! А он і друга, третя... Так, вона теж вміє думати логічно...

Браян стрибав через калюжі, пеньки й старі колоди, продирався крізь колючі кущі. Нарешті перед ним відкрилася невеличка галявина. Там був якийсь будиночок. Може, хата лісника... Під стіною стояв параплан.

— Ах ти ж огидна муха! — прошепотів Браян.

Він приготувався до бою: взяв із землі найбільшу палицю і штовхнув двері ногою.

— А от і гості!

Толік і Валік зловісно посміхалися, ніби вони чекали на Браяна. У кутку сиділа зв'язана Беатріс: вона була млява, зовсім не така, як завжди. Мабуть, після великої дози диму з люльки. Зазвичай вона була енергійна і жвава, а тепер...

— Що ви з нею зробили? — вигукнув Браян.

— Пригальмуй, скауте, — вищирив зуби Валік. — Поклади свою палку-махалку, інакше твоїй дівці гаплик. Сподіваюсь, ти вже вивчив, що це таке — «гаплик»? Рахую до трьох. Раз, два, три...

Браянові нічого не лишалося, як покласти палицю. Поруч стояв ще якийсь чоловічок у формі лісника й перелякано на все дивився.

— Що це ви... — почав він говорити.

— Гей, збільш йому дозу! — скомандував Валік.

І Толік без розмов дмухнув дядькові в обличчя димом. Той захитався.

— Ану йди сюди! — крикнув до чоловіка Валік. — Ти наш слуга!! Не забув? Зв'яжи цього пацана. А ти не пручайся, інакше... знаєш, що буде! — і Толік направив люльку в бік дівчини.

— Ні!!! — закричав Браян.

І його зв'язали міцною мотузкою. Тепер і наш сильний, мужній Браян перетворився на безпорадну гусінь.

личи́нка — larva
просто́рий — spacious
піло́т — pilot
ця́точка — spot (diminutive from «ця́тка»)
недарма́ — not in vain
ви́значити а́зимут — to determine the azimuth
навпросте́ць — straight

логі́чно — logically
коло́да — log
продира́тися крізь колю́чі кущі́ — to break through spiny bushes
галя́вина — glade
лісни́к — forester, ranger
оги́дна му́ха — disgusting fly

приготува́тися до бо́ю – to prepare oneself for a fight
у кутку́ – in the corner
зв'я́заний – tied
мля́вий – sluggish
до́за – dose
енергі́йний – energetic
жва́вий – agile
ви́щирити зу́би – to show one's teeth

па́лка-маха́лка – «waving» stick
збі́льшити – to increase
захита́тися – to stagger
слуга́ – servant
зв'яза́ти – to tie
паца́н – boy (slang)
пруча́тися – to resist
му́жній – courageous
безпора́дний – helpless

ОБЕРІТЬ ПРАВИЛЬНУ ВІДПОВІДЬ:

1. Як Браян знайшов будинок лісника?
   - **А** Він побачив дим з багаття
   - **Б** Він орієнтувався за речами, які кинула Тріс
   - **В** Він знайшов сліди злодіїв

2. Чому лісник не допомагав Браянові?
   - **А** Тому що він був під впливом люльки
   - **Б** Тому що він був другом злодіїв
   - **В** Тому що він не дуже любив іноземців

3. Чим погрожували злочинці Браянові?
   - **А** Вони погрожували позбавити Беатріс розуму
   - **Б** Вони погрожували забрати в нього всі гроші
   - **В** Вони погрожували вдарити його великою палицею

РОЗДІЛ 21

ВИСОКІ СТАВКИ

— Ну що, розумнику, — сказав Валік, — я тебе знаю як облупленого. Я знаю, хто ти і що ти, знаю паролі до твоїх соцмереж і пошти...

— Хіба це не злочин? — озвався лісник.

— Мовчати! — гаркнув Валік і сказав Браянові: — Ми стежили за тобою, голубе. І ось що ми дізналися. Тобі, друже, прийшов учора лист... Від якоїсь організації... Ти ж англійську знаєш? — звернувся він до лісника.

— Знаю...

— Тоді давай, читай оце. Тобто не читай, а перекладай!

Валік встромив йому під носа мобільний. Той тремтячим голосом почав читати:

«Від е-е-е... Всесвітньої організації охорони ґрунтів... Шановний пане, ми раді повідомити вам про те, що ви стали переможцем стипендіальної програми «Вивчай землю і працюй на землі». Ваша наукова робота про український чорнозем посіла перше місце в рейтингу. Ви отримаєте грошову премію. Звіт про використання коштів ви маєте надати в кінці року. Ми переказали на ваш рахунок три тисячі американських доларів».

Браян сидів спантеличений: на його обличчі була то радість, то страх, то сум.

— Швидко давай свою картку й кажи пароль, інакше твоя подруга стане куркою...

— А якщо не скажу?

— Не скажеш — з'ясуємо самі, а ця чорноброва залишиться з курячими мізками.

— Вона говорить, що в курей є своя логіка... — зауважив Браян.

— Тихо! Якщо ти все скажеш, ми її відпустимо. Через день вона оговтається – буде як новенька. Вірніше, як старенька, – зареготав Толік. – Стара версія... Нова мені подобається більше!

— Ну то як? – спитав Валік.

— Добре, я скажу, тільки присягніться, що відпустите Тріс...

— Та відпустимо, відпустимо, – сказав Валік.

— Сто відсотків, – потер долоні Толік.

ста́вка – stake
розу́мник – smart guy
зна́ти як облу́пленого – to know very well (idiom)
соцмере́жа – social network
Хіба́ це не зло́чин? – Isn't it a crime?
го́лубе – my dove (address)
переклада́ти – to translate
тремтя́чим го́лосом – in a trembling voice
перемо́жець – winner
посі́сти пе́рше мі́сце – to win the first place
ре́йтинг – rating
пре́мія – prize

нада́ти звіт про використа́ння ко́штів – to submit a report about the use of funds
переказа́ти на раху́нок – to transfer to an account
ста́ти – to become
з'ясува́ти – to find out
ку́рячі мі́зки – hen's brains
відпусти́ти – to let go
ого́втатися – to recover
Бу́де як нове́нька. – She'll be good as new. (idiom)
ве́рсія – version
Ну то як? – So what?
присягну́тися – to swear

ОБЕРІТЬ ПРАВИЛЬНУ ВІДПОВІДЬ:

1. Чому злочинці наказали перекладати листа лісникові?
   А Тому що він був їхнім слугою
   Б Тому що вони не знали англійської мови
   В Тому що він підробляв перекладачем

2. Чия робота виграла грант?
   - **А** Тріса
   - **Б** Браяна
   - **В** Тріса і Браяна

3. Що пообіцяли злочинці Браянові за гроші?
   - **А** Пообіцяли, що відпустять Беатріс і вона оговтається
   - **Б** Пообіцяли розказати ноу-хау про ґрунти
   - **В** Пообіцяли, що перетворять вовка на козака

РОЗДІЛ 22

МИША ДОПОМОЖЕ

Надворі стемніло. Браян сидів і плакав. Він заплакав, мабуть, уперше з чотирьох років.

— Що я за дурень!

Звісно, грабіжники тільки посміялися з нього і нікого не відпустили. Зв'язаних Беатріс і Браяна кинули на горище.

— Розберемося з ними пізніше. Або хай лишаються тут... Нам то що? Усе корисне в нас уже є! — гаркнув Валік.

Злодії зачинили горище на замок, а самі пішли в кімнату збирати речі.

— Швидше вже хочу побачити наше бабло! — мріяв Толік.

— То збирайся, капустяна ти голова! Швидше вийдемо — швидше його побачимо.

— Зараз! Хоч пляшку води їм залишу...

— Ходімо вже, добра душа! Ти чоловік чи ганчірка?

Браян шморгав носом, коли раптом почув дивний звук. Щось стукало по даху. Спершу він не надав цьому значення, та це щось усе стукало й стукало, наполегливо і в якомусь дивному ритмі. Чи це випадково не... азбука Морзе?

Її він вивчав у скаутських таборах. Тому спробував перекласти сигнали. І не помилився! Хтось вистукував: «Привіт, це ми».

Руки у Браяна були зв'язані. Та це не проблема, якщо треба просто постукати по стіні... І він постукав у відповідь: «Привіт». Потім була пауза. І стукіт поновився. «Миша допоможе», – передавав хтось азбукою Морзе. Браян геть нічого не зрозумів. А тим часом у слухове вікно залізла маленька сіра миша. Вона подивилася навколо чорними оченятками, оцінила обстановку й побігла до Браяна.

– Привіт, – сказав хлопець... – Ти хто?

Замість відповіді миша почала гризти мотузки на Браянові. Нарешті він був вільний! А миша тепер гризла мотузки на Беатріс.

Хлопець кинувся до води. Він умився сам, а потім хлюпнув на Тріс. Вона почала прокидатися.

– Як я тут опинилася? – спитала дівчина.

– Я тобі все розкажу, але зараз ми в небезпеці. Треба вибиратися звідси.

– Звідки? Але... добре...

Далі у вікні з'явився котячий писок.

– Отамане Сірко? Це ти? – терла очі Тріс.

Сірко кивнув. Проте більше без сережки зрозуміти було годі. Кіт застрибнув у вікно, взяв кінець мотузки в зуби й поліз кудись угору. Потім повернувся, посмикав мотузку зубами – ніби закріплена надійно.

Лізти в маленьке віконце було незручно, та нічого не вдієш – довелося. Першою по мотузці спустилася Беатріс, тоді Браян. Уже біля самої землі він побачив темну постать із волоссям, схожим на копицю сіна.

– Мирославе?

– Тсс! – постать приклала пальця до вуст. Мирослав сидів на дереві неподалік і притримував зав'язану на гілках мотузку. Поруч сиділи знайома сорока та Отаман Сірко.

– А миша... вона теж? З нами? – запитав з недовірою Браян. Мирось кивнув.

Як іноземці козака рятували

А ось і вона. Миша тихенько злізла по стіні. Кіт зовсім не збирався її ловити, навпаки, він полегшено зітхнув.

Звіро-людська компанія зібралася тікати. І все було б добре, якби раптом хтось зі злодіїв не вигукнув:

— Їх тут немає!
— Скоріше вниз! Вони не встигли далеко піти!

стемні́ло – it became dark
упе́рше – for the first time
посміятися з ньо́го – to laugh at him
розібра́тися – to deal with
Нам то що? – We don't care.
збира́тися – to pack one's stuff
капу́стяна ти голова́ – you, silly (literally: cabbage) head
ви́йти – to go out
Хоч пля́шку води́ їм залишу́... – At least I'll leave a bottle of water for them...
до́бра душа́ – kind soul (ironic)
шмо́ргати но́сом – to snivel
спе́ршу – at first
нада́ти зна́чення чому́сь – to attach importance
ритм – rhythm
випадко́во – by chance
а́збука Мо́рзе – Morse code
сигна́л – signal
висту́кувати – to signal by knocking
просту́кати – to knock

понови́тися – to start again
слухове́ вікно́ – dormer
оченя́тка – little eyes (diminutive from «о́чі»)
оціни́ти обстано́вку – to assess the situation
гри́зти – to gnaw
ви́братися – to get out
зві́дси – from here
Зві́дки? – From where?
котя́чий – cat (adjective)
пи́сок – nose (of an animal)
бі́льше зрозумі́ти було́ го́ді – it was impossible to understand anything more
посми́кати – to pull
закрі́плений наді́йно – it is fixed securely
віко́нце – small window (dormer)
прикла́сти па́льця до вуст – to put a finger on the lips
притри́мувати – to hold
недові́ра – distrust
полегшено зітхну́ти – to sigh with relief
І все було́ б до́бре, якби ра́птом хтось зі зло́-

248

діїв не ви́гукнув... – Everything would be alright if suddenly somebody of the thieves didn't shout...
скорі́ше – faster (adverb)

ВИДИ СМІХУ

Злодії посміялися з Браяна.

Сміятися (посміятися) – to laugh, це про добрий сміх.

Сміятися з когось (посміятися з когось) – а це злий сміх, to laugh at sb, to make fun of sb

Вставте в речення ці слова. Час – минулий:

❶ Злодії обіцяли відпустити Тріс, але тільки _____ Браяна.

❷ Ми зустрілися у пабі й добре разом _____.

❸ Вона так весело _____... Не можу забути її чудовий сміх.

❹ У школі ця Жанна _____ мене. Я почувався негарним і товстим...

❺ Пам'ятаєте, як у другій частині історії кури _____ _____ хлопців?

РОЗДІЛ 23

ТРІС, ТИ ВМІЄШ ВОДИТИ ВСЕ!

—Беатріс, я знаю, ти вмієш водити все: автобус, трактор, човен... І цю штуку теж? Це наш єдиний порятунок... – говорив до дівчини Мирось.

— Можливо, я дещо й забула, але точно пам'ятаю, як заводити механізми, – впевнено сказала Тріс і сіла за кермо параплана.

Вона повернула ключ – і пропелер закрутився. Спочатку повільно, потім швидше й швидше.

— Усі сюди! – покликала вона.

По боках учепилися Браян і Мирослав, кіт виліз Тріс на коліна, а миша – на плече. Сорока могла летіти сама. Дівчина натиснула на важіль – і вся конструкція повільно поїхала вперед.

— Нам треба розігнатися...

Тріс вивела параплан на кінець галявини й почала набирати розгін, щоб злетіти. Та в цей момент злодії вистрибнули з будинку.

— Ось вони!
— Тікають!
— Стріляй!

Параплан тільки-но відірвався від землі й досяг верхніх гілок дерев, як почулися постріли. Бах! Бах! – Валік стріляв із мисливської рушниці. Та стріляв він не так добре, як бабуся Галя. Тому Валік влучив у парашут, потім у пропелер... Той зупинився, і параплан почав падати. Зачепився за гілки й повис на дубі.

— От і все, вам хана! Догралися! – сказав хтось із двох, і злодії рішучим кроком пішли до дерева.

— Точно хана, – гірко сказала Тріс. – У вас є ідеї?

— От чорт, ми загинемо! – крикнув у розпачі Мирось.

Ідей, як врятуватися, справді не було. Раптом Браян повернувся до Беатріс, набрав у груди повітря й проголосив на всю Хортицю:

— Тріс, це, мабуть, мій останній шанс... Якщо ми тут загинемо, знай: я кохаю тебе!

І поцілував її в уста. Усі свідки – і тварини, і Мирось – дивилися на цю картину з невимовним жалем. Тріс була спантеличена. Та якщо вже така справа, то загинути буде шкода... Вона відповіла:

— Я... е-е... приємно здивована, але е-е-е... Зараз мене більше цікавить, як звідси вибратися... Не спіши прощатися, бо е-е-е...

На тих словах з хащів вийшла якась тварина і загарчала.

шту́ка – stuff, item
поряту́нок – rescue

заво́дити механі́зми – to start mechanisms

пропе́лер – propeller
закрути́тися – to start spinning
Усі́ сюди́! – Everybody, come here!
учепи́тися – to cling
ва́жіль – lever
констру́кція – construction
розігна́тися – to speed up
ви́вести парапла́н – to direct the paraglider
набира́ти розгі́н – to accelerate
злеті́ти – to take off
стріля́ти – to shoot
ті́льки-но – just
відірва́тися (від землі́) – to take off
досягну́ти (ве́рхніх гіло́к) – to reach higher branches
по́стріл – shot

мисли́вська рушни́ця – hunting gun
влу́чити – to hit
парашу́т – parachute
пови́снути – to hang
хана́ – end (spoken, jargon)
догра́тися – get oneself into trouble (literally: to play too much)
рішу́чим кро́ком – decisively
заги́нути – to die
ро́зпач – despair
набра́ти у гру́ди пові́тря – to pump air into lungs
уста́ – lips
невимо́вний жаль – unspeakable pity
спіши́ти – to hurry
ха́щі – thickets
загарча́ти – to start growling

PREFIX GAMES

У центрі уваги – префікс за-. Він часто означає початок дії. За його допомогою утворюються дієслова доконаного виду.

Пропелер крутився – propeller was spinning
Пропелер закрутився – propeller started spinning
Тварина гарчала – animal was growling
Тварина загарчала – animal started growling

Вставте потрібне слово. Час – минулий, вид – доконаний:
гарчати/загарчати
плакати/заплакати
постити/запостити
плескати/заплескати (у долоні)
хропіти/захропіти

❶ Дідусь ліг спати й швидко _____.

❷ Толік голосно _____, тому ніхто не хотів спати з ним у кімнаті.

❸ Тріс зраділа й _____ в долоні.

❹ Глядачі після вистави _____ в долоні хвилин десять.

❺ Пес поглянув на злодіїв і зловісно _____.

❻ Мій пес завжди _____ на незнайомих людей.

❼ Бабусі _____ в інстаграм нове відео.

❽ Вони _____ нові відео щосереди.

❾ Браян не міг на це спокійно дивитися. Він _____ _____.

❿ Мій син у дитинстві не часто _____.

РОЗДІЛ 24

ЗНАЙОМСТВО

Параплан зовсім перекосило, і друзі, наче гнилі грушки, по одному попадали на землю. Гуп! Гуп! Гуп! Лише кіт і миша самостійно злізли з дуба трохи вниз. А люди тепер ніби приклеїлися спинами до дерева.

Толік і Валік помітили тварину й позадкували. Гарчання ставало дедалі гучнішим і загрозливішим. Кров від нього стигла в жилах, ноги ставали ніби вата, мурашки бігали по шкірі, а коліна починали труситися.

Це був вовк. Зуби у нього були велетенські, наче ножі.

— Стріляй! — тремтячим голосом крикнув Толік.

І Валік вистрелив. Але – що за дива? – куля зупинилася в повітрі, на секунду зависла, а тоді повернулася назад і влетіла в будинок. У стіні залишилася чорна дірка.

– О-о-о, це щось не те... – злякалися злодії. – Це що за прикол?

Звір тим часом клацнув зубами й підійшов до них ще на крок. Потім іще, іще... Спина у вовка вигиналася дугою, шерсть стояла дибки, а вуха були притиснуті до голови – явна ознака злості.

Друзі спостерігали за всім ні в тих ні в сих. Губи у вовка тремтіли й оголювали раз по раз страшенні зубиська. Він підступив ще трішки...

– Тікаймо!!! – заволав Толік, і бандити взяли ноги в руки.

Вони чимдуж побігли лісом, а зовсім скоро і сліду їх на Хортиці не було – злодії уплав подалися до Запоріжжя.

– Рятуйте! – крикнула Беатріс. – Хто-небудь!

Вовк раптом повернувся до них передом. Його вуха тепер стирчали вгору. Він не гарчав, а навпаки – крутив хвостом. Тепер він став схожим на домашнього пса, тільки дуже великого.

А тоді сталося дещо зовсім дивне: вовк взяв щось із землі зубами й закинув собі на голову. То була шапка. Справжня козацька шапка, як на малюнках у підручнику з історії.

Беатріс пильно подивилася на вовка.

— Северине? Це... ви?

перекосило – to be bent down to the side
по одному – one by one
попадати – to fall
приклеїтися – to glue
позадкувати – to walk backwards
дедалі – more, increasingly
гучніший – louder (comparative of **«гучний»**)
загрозливіший – more threatening (comparative of **«загрозливий»**)
кров стигла в жилах – blood turned cold
вата – cotton
мурашки бігали по шкірі – it gave sb goosebumps
труситися – to tremble
вистрелити – to shoot
Що за дива? – What a wonder!
куля – bullet
зависнути – to hang, to freeze
влетіти – to fly into
прикол – joke, trick (slang)
клацнути зубами – to snap one's teeth

вигинатися дугою – to arch
шерсть – fur
стояти дибки – to stand on end
притиснутий – pressed
явний – obvious
ознака – sign
злість – anger
спостерігати – to watch, to observe
ні в тих ні в сих – embarrassed, confused (idiom)
оголювати – to uncover, to show
раз по раз – over and over again, time after time
страшенні зубиська – the most terrible teeth
підступити – to come closer
взяти ноги в руки – to take to one's heels, to run away (idiom)
сліду не було – one's trail went cold (idiom)
уплав – by swimming
хто-небудь – anybody
крутити хвостом – to twitch one's tail

заки́нути на го́лову – to throw on one's head

підру́чник з істо́рії – history textbook
пи́льно – attentively

ОБЕРІТЬ ПРАВИЛЬНУ ВІДПОВІДЬ:

1. Що найбільше злякало злодіїв:
   - **А** Зуби вовка
   - **Б** Гарчання
   - **В** Те, що куля від нього відскочила

2. Кого хотів налякати вовк?
   - **А** І друзів, і бандитів
   - **Б** Бандитів
   - **В** Диких звірів

3. Що цікавого мав з собою вовк?
   - **А** Козацькі чоботи
   - **Б** Козацьку шапку
   - **В** Козацьку люльку

РОЗДІЛ 25

ПЕРЕКЛАДАЧКА

Вовк ствердно кивнув.
— Ви знаєте, хто ми? Ви нас врятували?
Він знову кивнув.
— Але... як?

Вовк показав писком на сороку. Мовляв, завдяки їй. А сорока сіла на низьку гілку дуба й почала стукати дзьобом.

— Азбука Морзе! Це ти з нами розмовляла? Там, на горищі? — мовив Браян.

— Тепер і без сережки зможемо порозумітися, — зраділа Беатріс.

Тварини перекинулися якимись повідомленнями, і сорока почала стукати далі.

— Чекай, — зупинив її Браян. — Повільніше, я буду записувати.

— Та і я ж можу, — сказав Мирось. — Власне, це була моя ідея.

— Ви що, теж це вчили? У цьому, як його...

— У «Пласті».

— Точно.

Беатріс зітхнула й погладила сірого кота. Він спокійно сидів поруч із мишею. Сорока стукотіла, а хлопці по черзі писали й читали з блокнота.

— Я — сорока-білобока, хто мене не знає. Отаман Сірко — мій давній друг — він приїхав сюди автостопом. У кузові фури. Я стежила за вами всю подорож. А ще передавала інформацію Сіркові — дівчатами. Тобто іншими сороками. Сірко зрозумів, що без нього — ні туди ні сюди. І Смілу взяв з собою. Так, до речі, забула представити, — вона показала дзьобом на мишу. — Це Сміла. Це вона вам матрац тоді в болоті... Ой, я щось зайве сказала?

стве́рдно – approvingly, affirmatively
завдяки́ – thanks to
переки́нутися повідо́мленнями – to exchange messages
Та і я ж мо́жу. – I can do it as well.
соро́ка-білобо́ка – literally: white-sided magpie (a part of children's rhyme)
погла́дити кота́ – to pet a cat

стукоті́ти – to knock
да́вній друг – old friend
ку́зов – truck body
фу́ра – truck, wagon
Сміла – Smila (a town in Cherkasy region, actual meaning is «a courageous woman»)
без нього – ні туди ні сюди – it can be done nothing without him (idiom)
сказа́ти за́йве – to say too much

⚠️ ДОДАМО ПРИЙМЕННИКИ

У цих реченнях чогось бракує, наче солі в картоплі... Додайте це «дещо» – і тоді все стане на свої місця!

Наприклад: Я не хочу всю відпустку рибалити <u>в</u> Тясмині, краще поїду <u>на</u> Гаваї.

За (2), на, зі, в, по, біля.

① Кіт довго стежив _____ злодіями.

② Браян міг взяти _____ собою тільки спальник.

③ Миша прогризла дірку _____ рожевому матраці.

④ Сорока сіла _____ гілку.

⑤ Вона почала стукати дзьобом _____ гілці.

⑥ Ми сиділи _____ столом і чекали вечері.

⑦ Ми сиділи _____ вогню й чекали продовження розповіді.

РОЗДІЛ 26

ПОШУКИ

—Отже, тепер можна перетворити Северина Вовка із вовка на просто Северина? Тобто на козака... Ну, ви зрозуміли, – продовжувала сорока. – Він поки тільки шаблі та кулі зупиняти може. А для всього іншого йому треба магія, схована в його козацькому приладді.

— Сподіваюся... — сказав Мирось. — Треба пошукати в хаті лісника. Напевно, скарби залишилися там.

Сказано — зроблено. Усі разом вони пішли до хати, де сидів за столом лісник і повільно приходив до тями. Тріс допомогла йому вмитися холодною водою й заварила пів літра міцної кави.

А хлопці та звірі тим часом шукали. Шукали довго та пильно, але жодних магічних предметів ніде не було. Кіт із мишею обнишпорили всі дірки, але це не дало результатів. Злодії лишили по собі тільки недопалки й одну пару сонцезахисних окулярів.

Після кави погляд у лісника прояснився. А Тріс тим часом дістала з рюкзака баночку хрону. Її вона взяла з собою для бутербродів. Наша гаряча іспанка любила все гостре. Отож вона відкрила банку й поставила її під ніс лісникові.

— Ох! — видихнув той і остаточно прочуняв. — Я щось пропустив?.. Де я? Що зі мною сталося? І хто ви такі? Чому тут птахи і якісь... миші? Це галюцинації?

— Ні, ми всі справжні, — сказала дівчина й взяла його за руку. — Ми — друзі. Ми вас не скривдимо. Ви стали жертвою злочину. Вам трохи затуманили свідомість.

— Наркотики? — спитав лісник. — Я взагалі не вживаю, а тут таке...

— Нічого, вам скоро покращає, — мовила Тріс. — Пригадуєте, тут були двоє чоловіків...

— О, так, неприємні типи... Вже згадав. І вас згадав! Ви сиділи ось тут. А ви... — він перевів погляд на Браяна. — Здається... Я вас... зв'язав? — із жахом прошепотів він.

— Так, але нічого страшного. Ви не керували своїми думками. А тепер спробуйте, будь ласка, згадати дещо. У цих типів була люлька, з якої йшов дим. А ще був капшук — такий гаманець — і золота сережка.

— Пам'ятаю, звичайно! — вигукнув дядько. — Вони ту капосну люльку мені під носа пхали, пропонували закурити... А я вже пів року як кинув! Сережку собі один із них хотів присобачити то до носа, то до вуха, але це мало дивний вигляд... А в торбу він у кожну вільну секунду клав якісь монети. Клав — висипав. Клав — висипав...

— І де вони все це зберігали?

— Головний усе сховав у сумку на поясі. Зелену таку, з помаранчевим замком.

Друзі перезирнулися. Така сумка була у Валіка на поясі, коли злодії тікали. Довелося йти до вовка з поганими новинами. Тріс зітхнула, а Браян опустив голову. Мирослав втупився в землю. Але що поробиш... Перетворити вовка на людину, на превеликий жаль, неможливо.

прила́ддя — stuff, belongings
сподіва́тися — to hope
ска́зано – зро́блено — no sooner said than done (idiom)
прихо́дити до тя́ми — to come to life

завари́ти пів лі́тра міцно́ї ка́ви — to make half a liter of strong coffee
пи́льно — attentively
обни́шпорити — to search through

лиши́ти по собі́ – to leave after oneself
недо́палок – cigarette butt
сонцезахисні́ окуля́ри – sunglasses
проясни́тися – to become clearer
ба́ночка – little jar (diminutive from **«банка»**)
бутербро́д – sandwich
гостре́нький – spicy (here)
остато́чно – finally
прочуня́ти – to wake up (spoken)
скри́вдити – to hurt
затума́нити свідо́мість – to cloud consciousness
нарко́тик – drug
вжива́ти (нарко́тики) – to use (drugs)
покра́щати – to become better
прига́дувати – to recall
неприє́мні ти́пи – unpleasant guys
жах – terror
ка́посна лю́лька – infamous pipe
пха́ти під но́са – to push under one's nose
пів ро́ку як кинув – it's half a year since I've quitted
присоба́чити – to attach (spoken)
головни́й – the main one
замо́к – zip (here)
втупитися в зе́млю – to stare into the ground
що поро́биш – there's nothing to do about it (idiom)
на превели́кий жаль – unfortunately (literally: to very big misfortune)

ДЕ ТУТ ІНШИЙ РІД?

Знайді́ть сло́во, яке́ ма́є не таки́й рід, як і́нші слова́ в рядку́:

① Пошук, вовк, сорока, перекладач, козак

② Користь, магія, предмет, ніч, сіль, річ

③ Кава, погляд, хрін, лісник, слайс, шматочок

④ Перетворення, життя, ведмедик, знання, кошеня, мишеня

РОЗДІЛ 27

СТО ДЛЯ ЧОВНІВ

Наступного дня наша дивна компанія сиділа на пристані. То був невеликий дерев'яний пірс. Він скрипів на вітрі й ледь-ледь хитався на хвилях Дніпра. Тут була й станція технічного обслуговування – скорочено СТО. Тільки не для машин, а для човнів. Треба ж було повернути Василеві Івановичу його човен. Зараз він був трохи пом'ятий...

— Ну що, може, поплаваємо? Є тут пляж? – спитала Беатріс.

— Та є, тільки настрою немає, – озвався Мирось.

— Не будьте песимістами, може, щось і придумаємо... Нам справді прикро... – вона повернулася до вовка. Але той махнув лапою.

— Я вже звик. То нічого, – простукала дзьобом сорока (а Браян переклав).

— А може, поїдете з нами? У наше село, – запропонував Мирослав. – Покажете, де ви жили...

— Оце ідея! – простукала сорока за вовком. – Я вже стомився сидіти на цьому острові, однаково нічого не допомагає. Вимерла тут магія! Може, вона десь ще у світі є? Гаразд, я згоден.

Тріс заплескала в долоні.

— От і чудово. Вам доведеться потерпіти деякі незручності... Самі розумієте – вовк у громадському транспорті...

— Знала б ти, моя пташко, скільки я незручностей натерпівся, поки не призвичаївся бути вовком, – відповів Северин.

— Розумію...

— Хоч борщ без сала, аби душа пристала, – поставив крапку Отаман Сірко.

Отож друзі відправили моторного човна службою доставки в Чигирин. А самі купили квитки на автобус до Черкас, звідти – до Сміли, а зі Сміли – до Вишеньок.

Перед поїздкою вони зайшли до зоомагазину. Отаман Сірко та миша Сміла отримали по клітці, а Северин Вовк – повідець і намордник. Для конспірації. Тільки сорока могла летіти до Вишеньок своїм ходом. Товариство зайняло свої місця в автобусі.

СТО – service station
при́стань – harbor
пірс – pier
скрипі́ти – to squeak
ледь-ле́дь – slightly
хита́тися – to rock, to swing
попла́вати – to swim
пляж – beach
при́кро – it's a pity
зви́кнути – to get used to
пої́хати – to go
стоми́тися – to get tired
одна́ково нічо́го не допома́гає – nothing helps in any way
ви́мерти – to vanish, to become extinct
потерпі́ти – to endure, to stand
незру́чності – inconveniencies
грома́дський тра́нспорт – public transport
натерпі́тися – to suffer much

призвича́їтися – to get accustomed
хоч борщ без са́ла, аби душа́ приста́ла – literally: although borscht (a traditional Ukrainian soup) is without lard, it's more important to be with good people, friends (proverb)
поста́вити кра́пку – to end something (literally: to put a full stop) (idiom)
відпра́вити слу́жбою доста́вки – to send by delivery service
зоомагази́н – zoo store
клі́тка – cage
намо́рдник – muzzle
конспіра́ція – conspiracy
своїм хо́дом – on one's own
товари́ство – fellowship (cossacks' address to other cossacks)
зайня́ти місця́ – to take places

⚠ А ВИ БУЛИ НА СТО?

Ви водій? Якщо так, вам можуть допомогти ці слова. З'єднайте слово та його значення. Спробуйте вгадати без словника:

① Станція технічного обслуговування

② Шиномонтаж

③ Заправка (автозаправочна станція, АЗС)

④ Мийка

⑤ Дизель

⑥ Бензин

⑦ Евакуатор

Ⓐ Машина, яка може перевозити іншу машину

Ⓑ Місце, де можна заправити машину

Ⓒ «Їжа машини», пальне, що має октанове число

Ⓓ Пальне, що має цетанове число

Ⓔ Місце, де можна помити машину

Ⓕ Місце, де можна поремонтувати машину

Ⓖ Місце, де можна поміняти шини

РОЗДІЛ 28

В ІНТЕРНЕТІ

Бабуся довго обіймала й цілувала Мирося, Беатріс і Браяна. Дід теж був радий, що з ними все гаразд. Бачити вовка у вітальні спочатку було дивно, та через деякий час усі звикли. І сприймали його як сусіда, що зайшов на чай.

— Ех... — сказав дід, — хотів би я взяти у вас інтерв'ю! Щоб ви розповіли, як тут усе було колись, у козацькі часи...

Вовк знизав плечима, геть як людина.

— Не думаю, що зараз це гарна ідея, — зітхнула бабуся. — Але не вішайте носа, пане Северине! Спочатку скуштуйте тушкованої картоплі з цибулею. Відразу настрій покращиться!

Двічі припрошувати не довелося — ні вовка, ні людей. Севериновi поставили стілець і миску. Він їв, як пристойна людина, тільки ножем і виделкою не користувався.

— А ви при якому гетьмані служили? — спитав дід.

Вовк щось хотів пояснити, але йому не вдалося. Він розвів лапами.

— Та нічого, — відповів Петро, — зараз глянемо в інтернеті.

Він сів за комп'ютер, поворушив мишкою і почав набирати текст у пошуковику: «Історія України, рік 1596». За кілька хвилин він вигукнув:

— О, все ясно! Григорій Лобода!

Очі у вовка стали круглими. Він залишив картоплю, підійшов до діда, став передніми лапами на стіл і поглянув на екран.

— Подобається? — спитав дідусь і показав на малюнок. — Ось Лобода.

Северин насупився та замахав лапами.

— Не такий? Ну тоді фотографій не було, це малюнок. Погляньте краще на це. Вам сподобається.

І дід показав відео. Там хлопці проводили тренування з бойового гопака під рок-музику.

Вовк дивувався. Він показував на вухо, хитав головою.

— Що, музика класна?

Звір кивнув.

— А як вам тренування?

Тут уже Северин махнув лапою: дурниці це все. Не так усе тоді було.

Дід із вовком сиділи в інтернеті цілий вечір. Найбільше вовкові сподобалося, що можна дивитися фільми. А ще він навчився друкувати. Правда, поки що його лапа натискала на п'ять клавіш водночас, але час від часу на екрані з'являлося саме те, що треба. Вовк тоді навіть трохи вив від радощів.

обійма́ти – to hug
цілува́ти – to kiss
сприйма́ти – to perceive
взя́ти інтерв'ю́ – to interview
зни́зати плечи́ма – to shrug
Не ві́шайте но́са! – Chin up! (literally: don't hang your nose) (idiom)
скуштува́ти – to taste
тушко́вана карто́пля – stewed potatoes
покра́щитися – to improve
припро́шувати – to invite, to ask
ні... ні... – neither... nor...
присто́йна люди́на – decent human
розвести́ ла́пами (рука́ми) – to spread one's paws (arms) (a sign shown when a person isn't sure about sth or can't do anything)
поворуши́ти – to move
набира́ти текст – to type
пошуко́вик – search engine
пере́дні ла́пи – front paws
насу́питися – to frown
замаха́ти – to start waving
сподо́батися – to like
бойови́й гопа́к – combat hopak (cossack martial art)
друкува́ти – to type
пра́вда – however (here)
кла́віша – key (on keyboard)
одноча́сно – at the same time, simultaneously
ви́ти від ра́дощів – to howl because of joy

ЧЕЛЕНДЖ З ІДІОМАМИ

Вставте ідіому, що підходить за значенням.
Ідіоми на вибір:

Луснув терпець

Ані душі

Не вішай носа

Не так сталося, як гадалося

Нічого не вдієш

Взяти ноги в руки

Остання крапля

❶ Я не міг більше слухати від нього критики й стукнув його. У мене _____.

❷ Була п'ята ранку. Надворі не було _____.

3 Що, статтю не прийняли на конкурс? _____! Наступний конкурс скоро, напишеш ще кращу статтю!

4 Вони планували провести спокійне літо без пригод. Проте _____.

5 Я пробив колесо. _____, треба його поміняти.

6 Як почули, що в село приїхав капітан Буряченко, _____ _____ і чкурнули кудись у невідомому напрямку.

7 Коли він п'ятий раз запізнився на роботу, це була _____ _____. Я його звільнив.

РОЗДІЛ 29

В ЕФІРІ ВИШЕНЬКИ

На тому знайомство з сучасними технологіями не закінчилося. Воно тільки набирало обертів. Наступного ранку Беатріс пішла в сад, щоб позайматися йогою. Їй ніхто не заважав. Ніхто, крім...

У сусідки Одарки була якась колотнеча. Що там таке? Тріс саме стояла в позі воїна, коли почула, як жінки про щось сперечаються. Здається, вони обирали... кольори.

— Давай червону, синя вже була у вівторок!

— Червоний зараз не в моді...

— Червоний завжди в моді!

— Ну гаразд... Якщо буде мало лайків, то це ти винна...

Тріс тихенько підійшла до паркану й заховалась у кущі смородини. Звідси їй видно було таке.

Одарка наділа червону хустку. Баба Женя пухнастим пензликом додала їй пудри на обличчя. Була тут і пані Галя. Усі вони сиділи на гойдалці й мали дуже діловий вигляд.

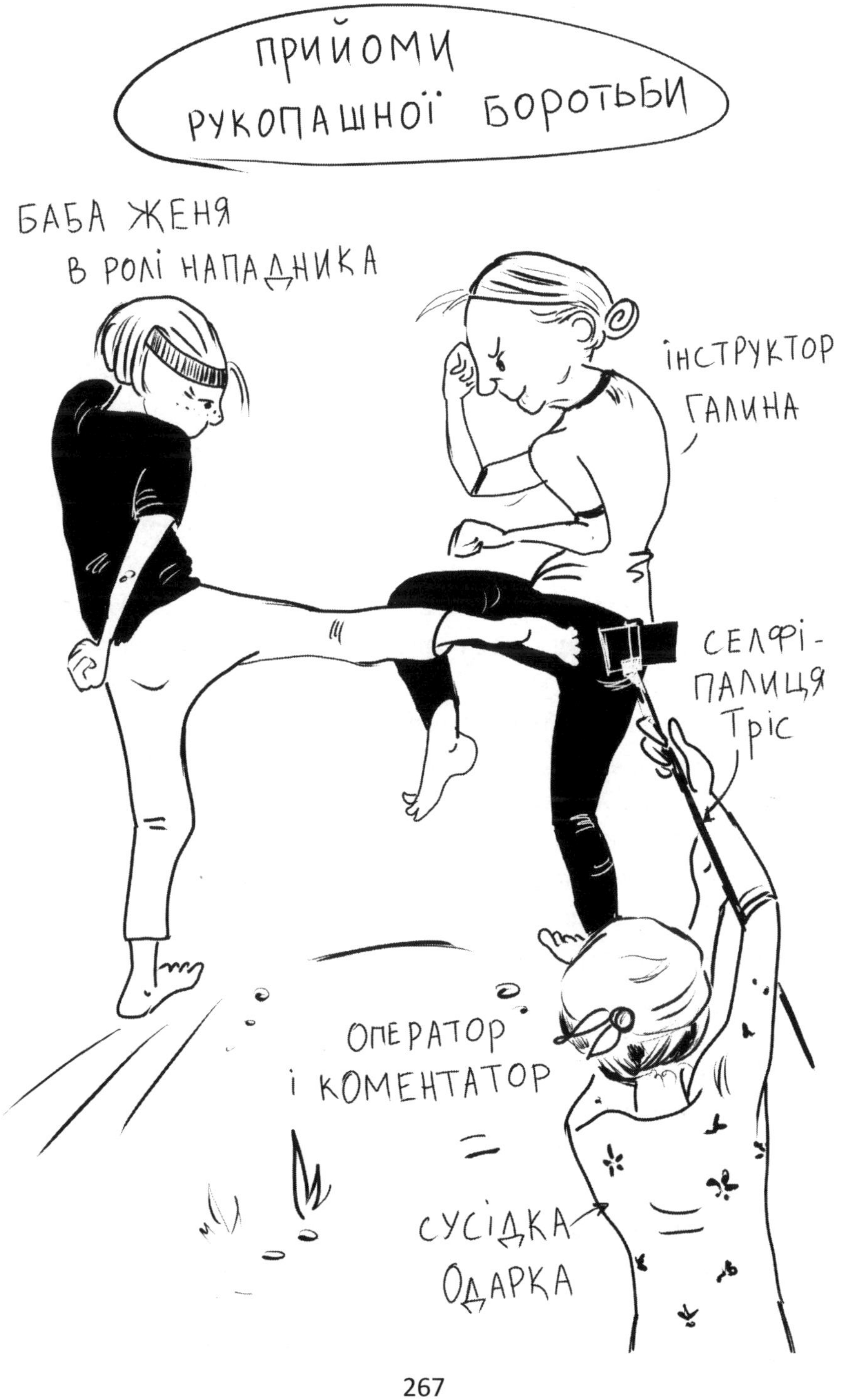
ПРИЙОМИ
РУКОПАШНОЇ БОРОТЬБИ
БАБА ЖЕНЯ
В РОЛІ НАПАДНИКА
ІНСТРУКТОР
ГАЛИНА
СЕЛФІ-
ПАЛИЦЯ
Тріс
ОПЕРАТОР
І КОМЕНТАТОР
=
СУСІДКА
ОДАРКА

«А це що? – здивувалася Тріс. – Моя селфі-палиця? Що вона тут робить?!»

І справді, баба Женя дістала селфі-палицю і сказала:

— Раз, два, три... Починаємо трансляцію!

— В ефірі село Вишеньки. З вами я, Одарка, а також мої сусідки Галя і Женя. Ми ведемо трансляцію з чудового куточка України, а саме – з мого садка... Ми хочемо підтримати всіх незалежних жінок України, які мешкають у селах. Тому сьогодні ми підготували для вас тренінг із самозахисту. Інструктором буде Галина, – баба Галя помахала в камеру, – а Женя погодилася зіграти роль нападника. Отже, починаємо!

Одарка була оператором і коментатором. Вона знімала все, що відбувалося в її саду. А відбувалося там щось неймовірне. Баба Галя та баба Женя показали кілька прийомів рукопашної боротьби, а в кінці вклонилися.

— Оце і все на сьогодні! – мовила в камеру Одарка. – Застосовуйте ці прийоми, якщо хтось захоче вас скривдити. І він більше цього не захоче ніколи! Наступного разу на вас чекає ексклюзивний рецепт маринування огірків від Жені, а на вівторок ми запланували показати вам масаж від болю в спині після сапання. Будьте незалежні! Ставте лайки та підписуйтеся на наш канал «Вишеньки онлайн». Бережіть себе!

І всі троє знову помахали на камеру. Ще місяць тому Беатріс не повірила б, що таке можливо. Але тепер... Що й казати, дива в цій країні відбуваються на кожному кроці.

в ефі́рі Ви́шеньки – Vyshenky on air
суча́сна техноло́гія – modern technology
набира́ти о́бертів – to gain momentum
позайма́тися йо́гою – to do yoga
колотне́ча – noise, movement (spoken)
сморо́дина – currant
пухна́стий пе́нзлик – furry brush
пу́дра – powder
го́йдалка – swing
ділови́й ви́гляд – busy look

трансля́ція – streaming, broadcasting
куто́чок Украї́ни – corner of Ukraine
садо́к – little garden (diminutive from «сад»)
самозахи́ст – self-defence
інстру́ктор – instructor
му́жньо – courageously
зігра́ти роль напа́дника – to play a role of an offender
опера́тор – cameraman
комента́тор – commentator
зніма́ти – to shoot (a film)
прийо́ми рукопа́шної боротьби́ – techniques of hand-to-hand fight
вклони́тися – to bow down
застосо́вувати прийо́ми – to use techniques
ексклюзи́вний реце́пт маринува́ння огірків́ – exclusive pickled cucumbers recipe
маса́ж від бо́лю в спи́ні – massage for back pain relief
са́пання – weeding
незале́жний – independent!
ста́вити ла́йки – to click the «like» button
підпи́суватися на кана́л – to subscribe to channel
Бережі́ть себе́! – Take care of yourselves!
Беатрі́с не пові́рила б, що таке́ можли́во. – Beatrice wouldn't believe that it's possible.
що й каза́ти – needless to say (idiom)
на ко́жному кро́ці – everywhere (literally: at every step) (idiom)

ЧЕЛЕНДЖ З ІДІОМАМИ

Підставте ідіоми, що підходять.
Ідіоми на вибір:

Пасти задніх
Робити з мухи слона
Стояв як засватаний
Такі на дорозі не валяються
Хилити на сон

❶ Я читав-читав, але потім мене почало _____.
❷ Він цінний спеціаліст! Ще й досвідчений! _____
_____!

3 А він що? – Нічого, _____, нічого не казав і не робив.

4 Оце і вся проблема? Просто хтось сказав, що йому не сподобалася твоя стаття? Ти _____.

5 Я щодня дивлюся, що нового з'явилося у сфері ІТ. Я професіонал і не хочу _____.

РОЗДІЛ 30

«КРИМІНАЛЬНА ХРОНІКА»

– Швидше, а то не встигну подивитися «Кримінальну хроніку»!
Це бабуся Галя підганяла з городу діда Петра. Вони саме сапали картоплю. Їхній онук та закордонні студенти допомагали. Навіть вовк зубами носив з городу кошики бур'яну і висипав на спеціальну купу.

«Кримінальну хроніку» дивилася зазвичай тільки бабуся. Це була її улюблена передача. Тож пані Галина забігла до вітальні й увімкнула телевізор. Усі інші поки що були надворі: милися від землі.

– А йдіть-но сюди! – погукала раптом бабуся. – Тут цікаве кажуть!

– Що може бути цікавого в «Кримінальній хроніці»? – сказав дід, але все-таки пішов у хату.

Мирось, Тріс і Браян, втомлені, упали на канапу.

– Хвиля дивних злочинів охопила Черкаську область, – говорила ведуча в чорному піджаку і з дуже червоною помадою на губах. – За два дні тут було пограбовано аж 19 відділень банків! За свідченнями очевидців, що бачили все через вікна, касири самі покірно відмикали каси та віддавали грабіжникам готівку. Чому вони це робили, невідомо. Самі касири стверджують, що нічого такого не робили або нічого не пам'ятають. Є різні гіпотези. Головна версія – тут діє банда фокусників або ворожок, які практикують масовий гіпноз.

— Знаємо ми, що це за фокусники та ворожки, – сказав дід.

кримінáльна хронíка – criminal chronicle, crime news
підганя́ти – to hurry (sb) up
кóшик – basket
зазвичáй – usually
передáча (на телебáченні) – show (on TV)
А йдíть-но сюдú! – Come here!
погукáти – to call
канáпа – sofa
хвúля дúвних злóчинів захопúла óбласть – a wave of strange crimes swept the region
ведýчий, ведýча – presenter, moderator (,ale, female)
піджáк – jacket
віддíлення бáнку – bank branch
за свíдченнями очевúдців – according to eyewitnesses
касúр – cashier
покíрно – obediently
відмикáти – to open (with a key)
готíвка – cash
невідóмо – unknown
ствéрджувати – to confirm, to say
гіпóтеза – assumption
бáнда – gang
фóкусник – magician
ворóжка – fortune-teller, witch
мáсовий гіпнóз – mass hypnosis

ТУДИ ЧИ СЮДИ?

Замінимо назви місць на займенники: туди, сюди, тут, там, звідси, звідти.

Наприклад: Я в погріб більше сама не піду. – Я туди більше сама не піду.

❶ Бабуся Галя підганяла діда Петра **з городу**.

② «Сиджу я на канапі. Раптом **до кімнати** заходить Галя і каже...»

③ Тут небезпечно! Треба змиватися **з цього страшного темного сараю**!!!

④ Вони вже два місяці **в Азії**.

⑤ Вони вже тиждень у Південній Кореї. У понеділок полетять **з Кореї** до Сінгапуру.

⑥ У понеділок полетять з Кореї **до Сінгапуру**.

⑦ У цьому погребі так темно... Що ми **в погребі** робимо?

РОЗДІЛ 31

ЗНОВУ ДО МУЗЕЮ!

Друзі сиділи за столом і сумували. Треба було купувати квитки додому. Пошуки бандитів під керівництвом Буряченка тривали, хоча дивних злочинів більше не було. «Мабуть, вони давно на Багамах», – думала Тріс. Але дідусь ці думки перервав:
— Ось послухайте, яка цікава стаття, – як завжди, після сніданку пан Петро переглядав новинні сайти. Цього разу він відкрив BBC-Ukraine, рубрику «Наука». – Це вам, Северине, теж цікаво буде. Якийсь відпочивальник в Одесі пірнав з маскою і знайшов на дні моря дивні речі в пластиковому пакеті. А той аквалангіст, як виявилося, – історик-аспірант. Він зрозумів, що то не просто сміття... Схопив пакет і поніс його на аналіз у місцеву лабораторію. А там дізналися, що ті речі – з доби козацтва.

Друзі перезирнулися, а Северин підбіг до монітора. Він майже торкався його носом. Пан Петро прочитав кінцівку:

— «Молодий вчений Максим Невеселий сказав, що здійснилася його мрія. І попросив, щоб предмети розмістили ближче до його місця роботи – в Чигиринському музеї Богдана Хмельницького. Сам він працює в Суботові. Його прохання виконали, і тепер знахідка є частиною експозиції в Чигирині».

Дід закінчив читати й оглянув публіку. Усі були вражені.

— Дзвони капітану Буряченку, Галю! — вигукнув дід. — І хай працює, ледащо... Тепер ми знаємо, де треба влаштувати засідку.

сумувати – to be sad
під керівництвом – under the direction of, led by
тривати – to continue
переглядати – to look through
новинний сайт – news website
рубрика – heading, rubric
відпочивальник – vacationer
пластиковий пакет – plastic bag
аквалангіст – scuba diver
як виявилося – as it turned out
історик-аспірант – postgraduate historian
доба козацтва – cossack period
кінцівка – ending
здійснилася мрія – one's dream came true
розмістити поближче – to place closer
прохання – request
оглянути – to view
публіка – public
ледащо – lazybone
засідка – ambush

ОБЕРІТЬ ПРАВИЛЬНУ ВІДПОВІДЬ:

1. Чому друзі були сумні?
   - **А** Тому що їх чекала робота на городі
   - **Б** Тому що треба було їхати додому
   - **В** Тому що програли конкурс ґрунтознавців

2. Що саме робив історик, коли знайшов скарби?
   - **А** Ліз на скелю
   - **Б** Гуляв у ботанічному саду
   - **В** Пірнав з аквалангом

3. Яка мрія Максима Невеселого здійснилася?
   - **А** Одружитися й мати п'ятьох дітей
   - **Б** Стати директором музею
   - **В** Знайти історичні цінності

РОЗДІЛ 32

ПОМСТА ВАСИЛЯ ІВАНОВИЧА

— Вітаю, шановні, чим можу допомогти?

Василь Іванович був у залі сам. На цих двох він уже чекав. Навіть слуховий апарат полагодив.

— Нам треба стара книжка з вашого… е-е-е…

— …архіву?

— Так, з архіву. Там, де написано, де гроші лежать.

— Ви маєте на увазі, де заховано скарб?

— Хе-хе, та-а-ак, саме це ми й маємо на увазі! Ви йдіть, а ми тут хочемо ще на деякі новинки ваші подивитися. Вони тут?

— Нова знахідка? Тут! Приємно, що наші відвідувачі тримають руку на пульсі… А спочатку ходімо зі мною до архіву.

— З вами йти?

— Так, я не знаю, що вам точно треба, обирайте самі. У нас там багато різних документів про те, де лежать скарби. Вони ще не вивчені, тому… А потім зможете все тут самі оглянути. Я вам не заважатиму.

— Ну ж бо, ведіть нас скоріше! – вигукнув один із гостей.

Василь Іванович зовсім не поспішав. Він повільно спускався коридором униз і нарешті відчинив залізні двері з написом «Архів. Стороннім вхід заборонено».

— Прошу, панове. Сюди! – сказав Василь Іванович і тихенько про себе додав: – Посидите трохи у в'язниці, неуки... Заходьте-заходьте... Скоро побачимо, хто з нас пеньок...

слухови́й апара́т – hearing aid
пола́годити – to repair
ма́ти на ува́зі – to mean
трима́ти ру́ку на пу́льсі – to keep up to speed (literally: to keep a hand on one's pulse) (idiom)
ви́вчений – studied
коридо́р – corridor
сторо́ннім вхід заборо́нено – authorized personnel only (literally: entrance forbidden for «outsiders»)
про се́бе – silently
посиді́ти – to sit (for some time)
не́ук – ignoramus, know-nothing

СКАЗАТИ ПРО СЕБЕ?

Сказати про себе – не завжди значить говорити про те, який ви молодець. Читати про себе – не завжди значить читати текст, де написано про вас (пряме значення).

Це також значить читати мовчки. Сказати щось про себе – сказати в думках. Читати про себе – to read silently (переносне значення).

Де тут пряме, а де переносне значення?

❶ Агроном Іван Капустенко виростив найкращу в районі капусту, а тепер читає про себе в районній газеті.

❷ Керівник банди Зоя Кларк зберігала всю інформацію про себе на секретній флешці.

③ Думаю, він зараз про себе повторює нашу останню розмову.

④ Я шукала в його щоденнику згадки про себе.

⑤ Не треба вірити всьому, що сам про себе думаєш.

⑥ Ви вмієте читати про себе українською?

⑦ Японці, напевно, лаялися про себе, але поводилися чемно.

⑧ Ти можеш читати про себе? Ти мені заважаєш! — Не можу. Я повинен читати вголос. Це акторська вправа!

РОЗДІЛ 33

ВЕЛИКІ ПЕРЕТВОРЕННЯ

Чекати, поки злочинців заарештують і все вляжеться, Северин не хотів. Щойно він дізнався, що його приладдя — у Чигирині, відразу побіг на автобус. Друзі ледве встигли наздогнати його на зупинці з повідцем і намордником.

— Северине, останній раз... Розумієте, це обов'язково, — сказала Тріс і наділа на нього повідець.

Нарешті автобус зупинився в Чигирині... А ось і музей.

— З собаками не можна, — сказала чергова по гардеробу.

— Це дуже чемний собака. Він дуже любить історію. От бачите, навіть шапку козацьку носить, — запевнила Тріс.

— Ну, якщо вже шапку носить, тоді... Проходьте. Тільки лапи хай витре.

Собака витер лапи... А тоді як з ланцюга зірвався! Ні, він не побачив, а нюхом відчув предмети своєї сили, підбіг до них і поставив лапи на вітрину.

— Гей, лапи на скло не ставити!!! – крикнула наглядачка Люда.

Але в ту ж мить вона охнула і замовкла. Коли пес поставив лапи на скло, на його місці щось закрутилося, зашипіло, з'явилася величезна зелена хмара... Усе шкварчало, як яєчня на сковороді. Нарешті дим осів, і на місці пса чи то вовка стояв чоловік – кремезний, широкоплечий, із довгими чорними вусами, у козацькій шапці та жупані. Неймовірний красень, ніби з історичної картинки зійшов! На поясі в чоловіка висіла шабля в розмальованих піхвах. Він підморгнув Люді й сказав:

— Ну все, тепер я готовий до інтерв'ю!

заарештувáти – to arrest
влягтися – to settle down
щóйно ..., відрáзу ... – as soon as..., ... immediately ...
лéдве встигнути – to make sth just in time
наздогнáти – to catch, to overtake
остáнній раз – for the last time
чергóва – lady on duty
чéмний – polite
от бáчите – you see
витерти лáпи – to wipe one's paws
вітрина – showcase, showwindow
як з ланцюгá зірвáвся – to fly off the handle, to go crazy (literally: as if sm got unchained) (idiom)

нюхом відчувáти – to know in one's bones (literally: to feel by smell) (idiom)
наглядáчка – warden
óхнути – to say «oh»
замóвкнути – to stop talking
зашипіти – to start hissing
шкварчáти – to sizzle
яéчня – scrambled eggs
дим осів – smoke settled down
кремéзний – stocky
широкоплéчий – broad-shouldered
крáсень – handsome man
ніби з картинки зійшóв – looked like a picture
розмальóваний – painted
піхви – sheath
підморгнýти – to wink

ОБЕРІТЬ ПРАВИЛЬНУ ВІДПОВІДЬ:

1. Де Севериновi надiли повiдець?
   - **А** У сараї
   - **Б** На зупинцi
   - **В** Вже в автобусi

2. Чому чергова по гардеробу пропустила пса?
   - **А** Бо вiн загарчав на неї та показав великi зуби
   - **Б** Бо друзi сказали, що вiн любить iсторiю
   - **В** Бо друзi сказали, що помили його лапи

3. Який вигляд мав чоловік, що з'явився замість вовка?
   🅰 Це був кремезний козак
   🅱 Це був високий історик-аспірант
   🅲 Це був старий дев'яносторічний дідок-науковець

РОЗДІЛ 34

ЧИ ТРЕБА РУБАТИ ВОРОГІВ?

Толік і Валік зайшли в архів з великими сподіваннями.
— Де наші скарби? — спитав Толік.
— Ми тут! — відповів капітан Буряченко.
Так-так, в архіві вже чекали пан Буряченко з наручниками, два озброєні оперативники та слідчий Андрій Петрович Скибочка. Злодії не встигли нічого зрозуміти, як на них наділи наручники й вивели до зали. Там уже зібралося чимало народу. Був там і чолов'яга з довгими вусами в історичному вбранні.
— Невільники в кайданах! Я не дам яничарам продати вас на турецькому ринку! Я розрубаю ці кайдани! — закричав чоловік і вихопив шаблю.
Поліціянти сахнулися вбік, а Северин Вовк одним махом розрубав наручники Толіка, а потім і Валіка. Злодіям тільки того й треба було — вони хутко вибігли надвір.
— Северине, це злодії! Вони повинні бути в наручниках! — крикнула Тріс.
— От чорт! Не впізнав їх! Тоді доженемо їх і порубаємо шаблею! — відповів завзято Северин.
— Ніякої шаблі! Чоловіче, а чому це у вас при собі холодна зброя? У вас є дозвіл? — спитав слідчий Скибочка.

ЯК ІНОЗЕМЦІ КОЗАКА РЯТУВАЛИ

Оперативники тим часом наздоганяли злодіїв. Бігли як тільки могли, але ті двоє виявилися досить спортивними. Чи то злякалися дуже... Напевне, вони добре знали тут усі шляхи: ані Толіка, ані Валіка не було й духу. Тільки черевик на Гетьманській залишився. Певно, хтось із них загубив його по дорозі. Оперативники зупинилися біля цієї знахідки.

За хвилину на вулицю вибіг Северин Вовк із шаблею.

— Порубаємо ворогів!!! Де вони?

За Северином бігли захекані Тріс, Браян, Мирослав та слідчий Скибочка і благали нікого не рубати.

сподіва́ння – expectations
озбро́єний – armed
операти́вник – operative
слі́дчий – investigator
Скибочка – family name, literally: slice (diminutive from «скибка»)
нару́чники – handcuffs
чолов'я́га – man (spoken)
вбрання́ – clothing, outfit
неві́льники в кайда́нах – slaves in chains
Я не дам... – I won't allow...
янича́ри – janissaries, military men in the Ottoman Empire, who hail from enslaved peoples, figuratively – those who serve the foreign power
туре́цький – Turkish
розруба́ти – to cut down by axe, sable (perfective)
руба́ти – to cut down (imperfective)
сахну́тися – to jump aside

ви́хопити – to snatch out, to pull out fast
одни́м ма́хом – in one fell swoop
злоді́ям ті́льки того́ й тре́ба було́ – the thieves needed just that
ху́тко – fast
вони́ пови́нні – they must
От чорт! – Damn it!
впізна́ти – to recognize
догна́ти – to catch, to overtake
поруба́ти – to cut down
чолові́че – man, sir (address)
при собі́ – with oneself
холо́дна збро́я – cold weapon
до́звіл – permit
чи то – or
і ду́ху не було́ – to run away (literally: there was no even their spirit there) (idiom)
зна́хідка – find (noun)
блага́ти – to beg

ОБЕРІТЬ ПРАВИЛЬНУ ВІДПОВІДЬ:

1. Скільки поліцейських чекали в архіві?
   - **А** Четверо
   - **Б** Троє
   - **В** Десятеро

2. Чому Северин розрубав наручники й дозволив злодіям втекти?
   - **А** Він дуже хотів використати зброю, коли став людиною
   - **Б** Він переплутав злодіїв з невільниками
   - **В** Він дружив з Толіком і Валіком

3. Що загубили злодії по дорозі?
   - **А** Помаду
   - **Б** Черевик
   - **В** Козацьку реліквію

РОЗДІЛ 35

У НАС Є ТІЛЬКИ ЧЕРЕВИК

—У нас є тільки черевик, — зітхнув слідчий, надів рукавички й поклав кросівок у пакет для доказів.

Беатріс зацікавлено подивилася на знахідку.

— Чекайте... Дайте, я гляну.

Скибочка знизав плечима і простягнув Тріс доказ. Вона взяла його в руку й почала уважно розглядати підошву. Так, помилитися було складно – цей тип ґрунту вона впізнала відразу.

— Пані, ви що, грязюку вивчаєте? – спитав поліціянт.

— Саме так. Це не просто грязюка, це торф'янисто-болотний ґрунт. Зовсім не чорнозем, як тут у вас.

— Невелика радість. Чорнозем — не чорнозем, а злочинці втекли, — скептично сказав один із поліціянтів. Проте слідчий запитав:

— А що це нам дає?

— Дещо дає: ми можемо дізнатися про те, де були злодії. Погляньте. Земля на підошві не такого кольору, як тут. Іншої консистенції.

— Повірте, вона добре знається на ґрунтах, — запевнив Мирослав.

— Так, я у цьому експерт, — спокійно сказала Тріс. — Можна мені у вашу лабораторію?

— Навіщо? — здивувався Скибочка.

— Я думаю, що ви затримаєте цих бандитів. А я допоможу! Вони мені вже так набридли...

— Ну, якщо ви такий Шерлок Голмс... Тоді їдьмо з нами. Зробимо вам тимчасову перепустку. У вас є з собою документи?

— Звісно.

— Ну, спробуймо. Зараз це нам допоможе більше, ніж рубання шаблею.

черевик – shoe
зацікавлено – with interest
підошва – sole (of shoe)
тип – type
торф'янисто-болотний ґрунт – peat-marshy soil
невелика радість – not a big joy
скептично – skeptically
консистенція – consistency
повірити – to believe

знатися на... – to know much about...
затримати – to arrest
набриднути – to bore, to annoy
їдьмо – let's go (by transport)
зробити – to make
тимчасова перепустка – temporary permit
спробуймо – let's try (imperative)
рубання – cutting down

ПРО КОГО МОВА?

Ці фрази можуть стосуватися і головних героїв, і другорядних (side characters). Перевіримо, скільки з них ви пам'ятаєте. Про кого ми говоримо?

1. Широкоплечий і кремезний _____
2. Чекав в архіві з наручниками _____
3. Жила в сараї Василя Івановича, була дуже хитра _____
4. Має біле і чорне пір'я _____
5. Носила червону сукню _____
6. Був керівником курей _____
7. Розрубав наручники на злодіях _____
8. Наклав закляття на козацькі скарби _____
9. Мала дуже червону помаду та піджак _____
10. Вивчала ґрунти _____
11. Читав усі новини _____
12. Не дозволяла ставити лапи на скло _____
13. Дивилася «Кримінальну хроніку» _____

РОЗДІЛ 36

ЩО МОЖЕ РОЗПОВІСТИ ПІДОШВА

У лабораторії Тріс почувалася як удома. Вона наділа рукавички, взяла пінцетом трохи ґрунту з підошви й поклала під мікроскоп.

— Що тут у нас? Ага, іонообмінні гетерополярні органо-мінеральні комплекси.

— Е-е-е, і як нам це допоможе? — спитав Андрій Скибочка.

— Це, як я і казала, — торф'янисто-болотний ґрунт. Швидше за все, заплавний. Ось польовий шпат, кварц, ось слюда. Високий вміст органічних речовин. І, звісно, підвищена кислотність. А ось тут у нас є ще дещо... Прекрасні метаногени!

— Метано-що?

— Метаногени! Methanobacteria, тип бактерій, які живуть у болоті й виробляють метан. Тепер відкриємо карту ґрунтів Черкаської області... Так... Введемо дані про тип ґрунту й погляньмо, де він буває... — пальці Беатріс вправно стукотіли по клавішах. — Ось!

— Здається, я починаю розуміти, до чого це все, — промовив слідчий. На карті Черкаської області світилися лише невеличкі смужки. Вони показували, де поширений потрібний ґрунт.

— Погляньте. У радіусі 30 кілометрів найближче місце, де є такі ґрунти — ось тут... — Тріс показала пальцем. — Дозволю собі припустити, що бандитська база розташована саме там. І це ще не все. Хочете подивитися в мікроскоп?

Слідчий нахилився до окуляра.

— Що це за жовті крапочки?
— Це пилок. Ось тут, бачите, лепеха. І півники болотні.
— Ага... Слухайте! Кропива недавно якусь статтю наукову писала про рослини рідного краю... Місяць лазила по різних лісах і болотах з лупою і компасом.
— Кропива? Статтю писала?
— Це прізвище таке. Вчителька біології. Вона в мого сина – класна керівниця.
— І що ж?
— Вона мені минулого тижня телефонувала, казала, що... теє... мій син на екскурсії погано поводиться. Ось номер лишився. Зараз їй подзвонимо і спитаємо, де та лепеха та півники ростуть... Е-е-е.... Алло! Це Кропи... Тетяна Григорівна? Так, це батько Мишка. Так, Михайла Скибочки... Ні, не на тему екскурсії. Але на тему рослин. У нас є запитання...

Слідчий вийшов у коридор поговорити. Повернувся за кілька хвилин.

— Ну що ж, панянко, – задоволено сказав він. – Півники болотні, лепеха й оті бактерії у нас найближче – отут-о! – і його засмаглий палець показав одну точку на карті.

почува́тися як удо́ма – to feel at home (idiom)
пінце́т – tweezers
іонообмі́нні гетерополя́рні орга́но-мінера́льні ко́мплекси – ion-exchange hetero-polar organic-mineral complexes
шви́дше за все – probably
запла́вний ґрунт – floodplain soil
польови́й шпат – feldspar
кварц – quartz
слюда́ – mica
висо́кий вміст органі́чних речови́н – high content of organic substances
підви́щена кисло́тність – high acidity
метаноге́ни – methanogens
бакте́рія – bacterium
мета́н – methane
ввести́ да́ні – to enter data
до чо́го це все – what it is about
поши́рений – widespread

ра́діус – radius
дозво́лю собі́ припусти́ти – let me assume
банди́тська ба́за – gang base
розташо́ваний – located
окуля́р – eyepiece
кра́почка – dot (diminutive from «**кра́пка**»)
пило́к – pollen
лепе́ха – calamus, sweet flag
пі́вники боло́тні – yellow flag, yellow iris, water flag (iris pseudacorus)
стаття́ – article

росли́ни рі́дного кра́ю – plants of the native land
кла́сна керівни́ця – class teacher
тєє – well
пога́но пово́дитися – to have bad behavior
подзвони́ти – to ring sb up, to call
паня́нка – young lady
засма́глий па́лець – tanned finger
то́чка – point

ОБЕРІТЬ ПРАВИЛЬНУ ВІДПОВІДЬ:

1. Хто такі метаногени?
   А Це злочинці
   Б Це ґрунти
   В Це бактерії

2. Навіщо Беатріс було дивитися на карту ґрунтів?
   А Так вона дізналася, де були злодії
   Б Так вона дізналася, де можна робити досліди
   В Так вона вчилася орієнтуватися в Україні

3. Чим допомогла слідству Тетяна Григорівна?
   А Вона допомогла знайти гарні квіти
   Б Вона розповіла, де росте кропива, щоб відлупцювати нею злочинців
   В Вона допомогла визначити, де можуть ховатися злодії

РОЗДІЛ 37

ВАМ КАЗКА, А МЕНІ БУБЛИКІВ В'ЯЗКА

Черевик справді розповів достатньо, щоб знайти й затримати злочинців. Вони ховалися в курені для пастухів за селом Вищі Верещаки, над рукавом Тясмину під назвою Гнила Канава. У курені лежала ціла купа награбованих грошей та коштовностей.

Проте не все у Толіка й Валіка йшло як по маслу. Злодії вже третій день не розмовляли — вони часто сварилися. А на допиті зізналися, що предметом суперечки став інтер'єр апартаментів на Багамах, зокрема, колір канапи: помаранчевий чи малиновий.

Під час сварки бандити впустили козацькі реліквії в Гнилу Канаву. Проте там вони не лишилися. Скарби допливли до Тясмину, з Тясмину – до Дніпра, Дніпром – до Чорного моря, а там – до Одеси... А далі ви вже знаєте. Мабуть, якась магія.

Зараз Толік і Валік у в'язниці – їм світить сидіти там ще кілька років. Спочатку вони були в різних камерах, але всі сусіди скаржились на постійне наспівування попси. Тому Толіка й Валіка знову поселили разом. Та попсу вони наспівують і досі. Насправді вони ще сподіваються, що вийдуть на волю, а тоді – на Багами... Толік і Валік заховали про запас кілька кілограмів алжирських динарів з банку – монетами. Гроші вони поклали в непромокальний пакет і заховали в одному секретному місці.

Беатріс і Браян таки отримали свою стипендію. Наступного року вони знову приїдуть у Вишеньки. Ґрунтознавці серйозно думають про те, щоб переїхати сюди й відкрити тут екоферму. Адже вони розробили ноу-хау з підвищення родючості ґрунту, тепер треба його випробувати на практиці. А у Вишеньках їм сподобалось. Проте... чорнозем і Вишеньки – не головна причина для того, щоб науковці зустрілися знову. А яка головна? Про це ви самі давно знаєте.

У Мирося попереду багато цікавого. Поки що він набрав книжок у бібліотеці про плани та стратегії в міжнародній політиці.

Одарка стала постійною ведучою ютуб-каналу «Вишеньки онлайн». Дід Петро допомагає вести інтерв'ю з відомими людьми району та готувати випуски місцевих новин. Він завжди в курсі всього.

Пані Галя організувала «Клуб незалежних жінок» і проводить тренування. У клуб ходять баба Женя, баба Маруся, Одарка, дружина капітана пані Буряченко, вчителька української мови Катерина Марківна, вчителька біології Тетяна Григорівна Кропива, і навіть із Медведівки та Семиполок жінки приїжджають.

Максим Невеселий написав наукову статтю про свої знахідки. Після цього його призначили керівником Групи пошукових досліджень Музею історії України в Черкаській області. Він керує групою археологів і знаходить багато цікавого. Скоро має вийти друком його перша книга «Чи носили козаки сережки, або Козацькі реліквії крізь час».

Василь Іванович теж дещо знайшов. Якось на своєму човні він подався в рукав Тясмину й закинув вудки. Важка риба попалася! Тягнув-тягнув, аж поки не витягнув цілу торбу золотих червінців. «От я і без карти впорався! Тут історичні цінності, куди не плюнь!» — сказав він сам собі. Василь Іванович відніс червінці в музей, але там їх приймати відмовилися. Тоді він спробував банк, і там йому обміняли алжирські динари на гривні. На ці гроші історик поміняв старий човен на новий і вирушив у подорож до Одеси.

А Северин Вовк? Він сказав, що надто довго вже сидів на Хортиці у вигляді тварини. Тож тепер вирішив побачити світ. Шаблю в нього таки конфіскували. А от від одягу козацького Вовк не відмовився. Узяв рюкзак і подався в мандри: спочатку на Туреччину подивитися, а там — Німеччина, Англія, Франція, Італія, Індія, Китай... А найбільше йому кортіло побачити нові континенти. Таке в його часи зробити мало хто міг. А Отаман Сірко застрибнув у його рюкзак і подорожує тепер разом з Северином по світу.

Зараз вони можуть бути будь-де. Отож, якщо побачите чоловіка в козацькому одязі та з сірим котом, спитайте, як справи. Б'юсь об заклад, він розкаже багато цікавого.

вам ка́зка, а мені́ бу́бликів в'я́зка – a story for you and a bagel for me (idiom)
доста́тньо – enough
курі́нь для пастухі́в – hut for shepherds
Гнила́ Кана́ва – literally: rotten ditch
награбо́вані ре́чі – stolen things
кошто́вності – jewellery
йти як по ма́слу – to be smooth sailing (idiom)
зізна́тися – to confess
предме́т супере́чки – subject of dispute
зокрема́ – in particular
впусти́ти – to drop
Їм сві́тить… ро́ків в'язни́ці. – They are facing… years in prison.
ка́мера – cell
ска́ржитися – to complain
постій́ний – constant
наспі́вування – singing along
посели́ти – to settle, to place
про запа́с – as reserve
алжи́рський дина́р – Algerian dinar
непромока́льний паке́т – waterproof bag
пере́їхати – to move (somewhere)

екофе́рма – ecofarm
адже́ – after all
розроби́ти – to work out
підви́щення родю́чості – increase of fertility
ви́пробувати на пра́ктиці – to try in practice
набра́ти – to take (a lot of things)
міжнаро́дна полі́тика – international policy
ви́пуск нови́н – news program
призна́чити – to appoint
гру́па пошуко́вих дослі́джень – exploratory research group
ви́йти дру́ком – to be published
релі́квія – relic
крізь час – through time
заки́нути ву́дку – to throw in a fishing rod
важка́ ри́ба попа́лася – it was a big fish
черві́нці – type of coins used in the past
впо́ратися – to manage
куди́ не плюнь – everywhere (idiom)
відмо́витися – to refuse

⚠ ЧАСТИНА 1: ГЕОГРАФІЧНИЙ ТЕСТ

Це завдання схоже на кросворд. Всі слова в ньому – географічні назви з цього твору. Побачимо, як ви їх пам'ятаєте… Коли запишете всі слова, прочитаєте, хто ви сьогодні!

1. Село, в якому стоїть церква Богдана Хмельницького
2. Столиця Гетьманщини
3. Місто на березі Чорного моря
4. Місто, де є пам'ятник щуці
5. Місто, де відкрили перший в Україні професійний театр
6. Головне місто в області, в якій живуть дід Петро та баба Галя
7. Найбільший острів на Дніпрі
8. Місто, в межах якого розташована Хортиця
9. Місто в Черкаській області, що означає «хоробра жінка»
10. Найбільша річка України
11. Столиця України
12. Рукав річки, біля якого ховалися злодії

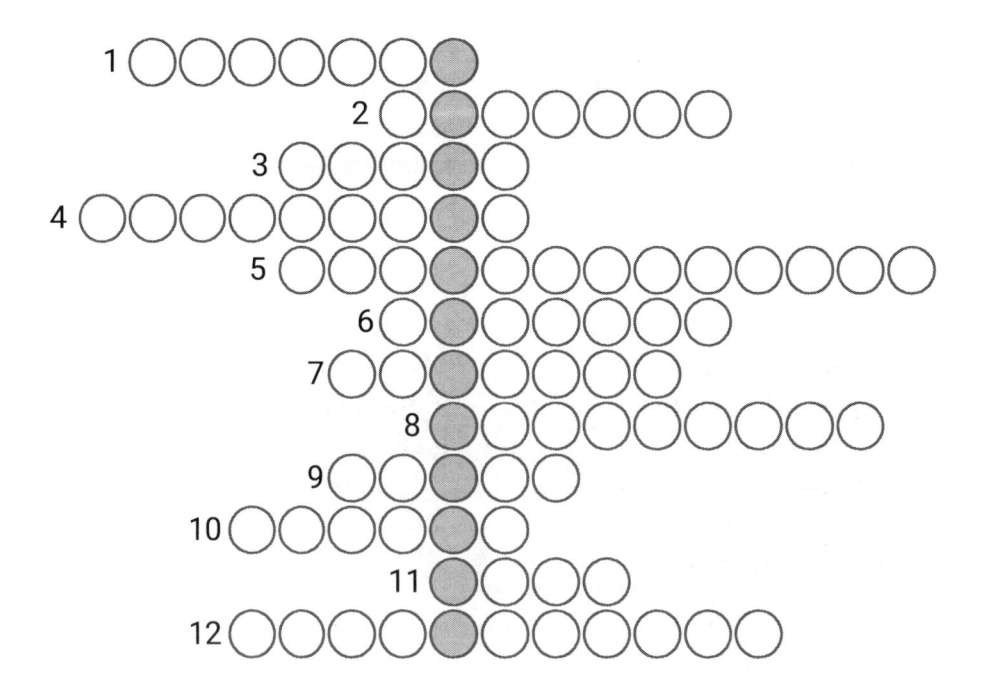

ЧАСТИНА 2: ІСТОРИЧНИЙ ТЕСТ

Наступний кросворд – історичний. Всі його питання – на історичну тему. Таємна фраза цього кросворда – запитання. Подумайте над цим запитанням, коли будете вирушати в подорож до України.

1. Місця, де росте багато очерету. Там козаки часто ховалися від ворогів.
2. Півострів. Туди чумаки їздили по сіль.
3. Керівник козацької держави в 17-19 століттях.
4. Лідер козаків.
5. Ім'я поета та художника з Черкащини. Багато творів написав на історичну тему, про козацтво.

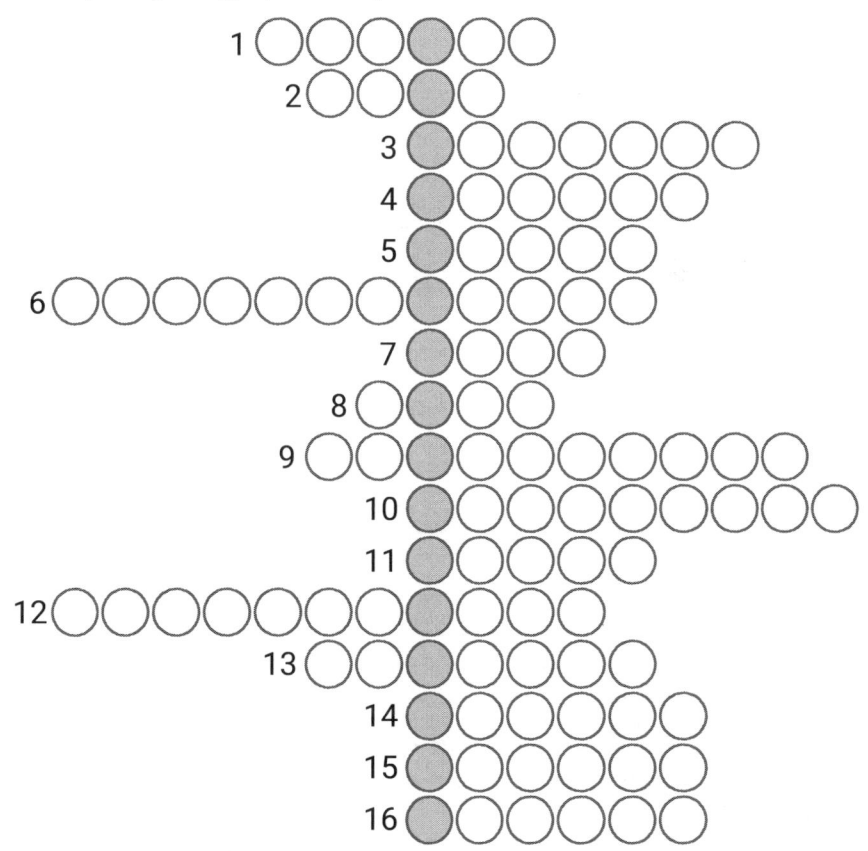

6. Держава, під владою якої були українські землі в 17 столітті.

7. Тварини, яких використовували чумаки. Їх запрягали у вози, щоб вони возили товари.

8. Продукт, яким торгували чумаки.

9. Відповідав за скарбницю в Гетьманщині.

10. Імперія з центром у сучасній Туреччині, мали з Україною тих часів і конфлікти, і культурні зв'язки.

11. Той, хто все записував, посада в Гетьманщині.

12. Козацький маг.

13. Османські військові, яких набирали з полонених. У переносному сенсі: люди, які служать чужій владі.

14. Цей продукт могла дати чи приготувати дівчина хлопцеві, за якого не хотіла виходити заміж.

15. Рослина, в які часто ховалися козаки.

16. Турецький чи татарський маг; мандрівний філософ у мусульманській культурі.

ВІДПОВІДІ

ЧАСТИНА 1.

РОЗДІЛ 1.
Що де було?
1. ями; 2. Беатріс; 3. підбори; 4. коза; 5. сіно.
Хто як говорить?
1. Г; 2. Д; 3. А; 4. Е; 5.Б; 6. В.

РОЗДІЛ 2
Увага на «йти»
1. прийшла; 2.пішла; 3. підійшла; 4. відійшла; 5. увійшла; 6. вийшла.

РОЗДІЛ 3
Пробурмотів чи вигукнув?
1. вигукнув; 2. кричали; 3. крикнула/вигукнула; 4. пробурмотів.

РОЗДІЛ 4
Вітаю вас у Вишеньках!
1. Вітаю вас у Мадриді!
2. Вітаю вас в Афінах!
3. Вітаю вас у Лісабоні!
4. Вітаю вас у Тбілісі!

5. Вітаю вас у Японії!
6. Вітаю вас у Грузії!
7. Вітаю вас у Греції!
8. Вітаю вас в Іспанії!

РОЗДІЛ 5
Славко та Мирослав
1. Е; 2. З; 3. Ж; 4. Г; 5. Б; 6. Є; 7. Д; 8. В; 9. А.

РОЗДІЛ 6
Чудово чи погано??
1. погано; 2. чудово; 3. повно; 4. радісно; 5. спеціально;
6. скоса.

РОЗДІЛ 7
Оберіть правильну відповідь.
1. Б; 2. А; 3. А; 4. А.

РОЗДІЛ 8
Збирати та збиратися...
1. збираємо; 2. збирають; 3. збираємося; 4. збирається; 5. збирає;
6. Збираєтеся; 7. збирає.

РОЗДІЛ 9
Оберіть правильну відповідь.
1. В; 2. А; 3. Б.

РОЗДІЛ 10
Навіщо? Щоб!
1. В; 2. Є; 3. Д; 4. Б; 5. Ж; 6. А; 7. Е; 8. Г.

РОЗДІЛ 11
Оберіть правильну відповідь.
1. А; 2. А; 3. Б.

РОЗДІЛ 12
Він чи вона?
1. друг; 2. письменник; 3. засновник; 4. еколог; 5. психолог; 6. лікар; 7. Американець.

РОЗДІЛ 13
Знайдіть пари антонімів
1. Ж; 2. Є; 3. А; 4. Д; 5. Е; 6. З; 7. И; 8. Б; 9. В; 10. Г.

РОЗДІЛ 14
Іменник + прикметник
1. В – бабуся сувора; 2. Ж – Беатріс, сповнена бажання помсти; 3. Е – люди молоді; 4. Г – дівчина гарна; 5. Є – варенички кривенькі; 6. Д – імідж неідеальний; 7. А – посмішка американська; 8. Б – комарі перші.

РОЗДІЛ 15
Оберіть правильну відповідь.
1. В; 2. А; 3. В.

РОЗДІЛ 16
Наведіть лад!
1. Я поклала у вареники землю.
2. Мені треба виграти змагання.
3. Час використати природний потенціал.
4. Ти пишеш у блокноті пропозиції на завтра?
5. Я хочу отримати стипендію.
6. Дід Петро та бабуся Галя не дозволяють сієсту.

РОЗДІЛ 17
Штани чи спідниця?
1. Бабуся: 4, 6, 7, 9
2. Дідусь: 3
3. Браян: 1, 3, 8

4. Беатріс: 1, 3, 4, 5, 6, 8, 10
5. Мирослав: 1, 3

РОЗДІЛ 18
Загубити, шукати, знайти
1. загубила; 2. шукала; 3. знайшов.

РОЗДІЛ 19
Що сталося спочатку, потім?
1. Е; 2. Г; 3. В; 4. Д; 5. А; 6. Б.

РОЗДІЛ 20
Сполучне слово
1. тому; 2. коли; 3. коли; 4. який; 5. але; 6. хто; 7. якщо; 8. Тоді.

РОЗДІЛ 21
Оберіть правильну відповідь.
1. Б; 2. Б; 3. А.

РОЗДІЛ 22
«Щовечора» – що це за слово?
1. щоразу; 2. щонеділі; 3. щогодини; 4. щовівторка; 5. щохвилини; 6. щотижня.

РОЗДІЛ 23
Хто що сказав?
1. Браян; 2. Мирослав; 3. Мирослав; 4. Беатріс; 5. Браян; 6. Мирослав.
Знайдіть антоніми
1. Ж; 2. Д; 3. Г; 4. Б; 5. Є; 6. В; 7. А; 8. Е.

РОЗДІЛ 24
Кого можна злякатися?
1. Краба; 2. голосу; 3. дощу; 4. стосунків; 5. Привида.

РОЗДІЛ 25
Оберіть правильну відповідь.
1. Б; 2. В; 3. А.
Викиньте зайве!
1. цибуля; 2. вареник; 3. Глухуватий.

РОЗДІЛ 26
Оберіть правильну відповідь.
1. А; 2. А; 3. В.

РОЗДІЛ 27
Оберіть правильну відповідь.
1. А; 2. Б; 3. В.
Що коли було?
1. Б; 2. Г; 3. Д; 4. В; 5. А.

РОЗДІЛ 28
Плутанина
1. У середу я прибирав у хаті й готував вареники з вишнями.
2. Беатріс думає, що я ганчірка, а не чоловік.
3. По-перше, тобі треба кожен день по 10 разів повторювати: «Я сміливий сильний чоловік».
4. Завтра сіно будуть збирати на горі над болотом.
Викиньте зайве!
1. грав на комп'ютері; 2. лагідний; 3. трактор.

РОЗДІЛ 29
Оберіть правильну відповідь.
1. Б; 2. А; 3. А.

РОЗДІЛ 30
Іменник + прикметник
1. Г; 2. Е; 3. А; 4. Ж; 5. Є; 6. Б; 7. Д; 8. В.

РОЗДІЛ 31
Оберіть правильну відповідь.
1. Б; 2. Б: 3. Б.

РОЗДІЛ 32
Послідовність
1. Б; 2. Є; 3. Е; 4. В; 5. А; 6. Д; 7. Е.

РОЗДІЛ 33
Де тут сенс?
1. В; 2. Д; 3. Ж; 4. Б; 5. А; 6. З; 7. Е; 8. Г; 9. Є.

РОЗДІЛ 34
Кому це говорив Мирось?
1. Браянові; 2. дідові; 3. Браянові та Беатріс; 4. сусідам і друзям; 5. Беатріс.

РОЗДІЛ 35
Оберіть правильну відповідь.
1. А; 2. Б; 3. Б.

РОЗДІЛ 36
Що це означає?
1. В; 2. Е; 3. Б; 4. Є; 5. А; 6. Г; 7. Д.

РОЗДІЛ 37
Що за чим?
1. Є; 2. Ж; 3. Д; 4. Б; 5. Е; 6. А.; 7. Г; 8. В; 9. З.

РОЗДІЛ 38
Дикі чи домашні?

Заєць – д	Коза – с	Миша – д
Корова – с	Лисиця – д	Півень – с
Сорока – д	Курка – с	Свиня – с

Лелека – д	Кролик – с	Білка – д
Вовк – д	Гуска – с	

РОЗДІЛ 39
Префікс «ви»
1. вийшла; 2. викопав; 3. викинути; 4. вийшли; 5. вивчив.

ЧАСТИНА 2

РОЗДІЛ 1
Повернув чи повернувся?
1. повернула; 2. повернула; 3. повернула; 4. повернувся; 5. повернувся; 6. повернулася; 7. повертається; 8. повернулася; 9. повернуся.

РОЗДІЛ 2
Із чого роблять речі?
1. Металевий – з металу;
2. Пластиковий – з пластику;
3. Дерев'яний – з дерева;
4. Шкіряний – зі шкіри;
5. Кам'яний – з каменю;
6. Гумовий – з гуми;
7. Скляний – зі скла;
8. Порцеляновий – з порцеляни.

РОЗДІЛ 3
Поговоримо про сон...
1. хропе; 2. заплющуються очі; 3. снився; 4. Сон.

РОЗДІЛ 4
Старенькі й молоденькі
1. дорогенька; 2. старенькі; 3. маленьке; 4. гарненька; 5. зелененькі.

РОЗДІЛ 5
Беатріс личить усе
1. агентові ЦІА; 2. мені, тобі; 3. Вам; 4. Ользі.

РОЗДІЛ 6
Величезна яма
1. старезному; 2. товстелезні; 3. довжелезні; 4. величезна; 5. широчезне; 6. глибочезну.

РОЗДІЛ 7
Оберіть правильну відповідь.
1. А; 2. В; 3. Б.

РОЗДІЛ 8
Як працює префікс по-
1. побігали; 2. поїла; 3. помахала; 4. подзенькав; 5. потрусив.

РОЗДІЛ 9
Оберіть правильну відповідь.
1. А; 2. Б; 3. Б.

РОЗДІЛ 10
То одне, то інше
1. Червону сукню/ білу футболку/ сині джинси.
2. комп'ютер завис/ каву вилив на штани/ дощ мене намочив.
3. енциклопедії/ підручники з економіки/ словники/ інтернет-видання.
4. Катя/ Таня/ Галя.

РОЗДІЛ 11
Свиснемо пакет у молокососа
1. хлопчик; 2. молокососа, свиснути; 3. вкрали; 4. говорили; 5. Балакали.

РОЗДІЛ 12
Якось кудись чомусь...
1. десь; 2. хтось; 3. Якось; 4. кудись; 5. чомусь; 6. Щось.

РОЗДІЛ 13
Поїдемо автостопом?
1. потягом; 2. машиною; 3. човном; 4. автостопом; 5. автобусом, маршруткою; 6. на велосипеді.

РОЗДІЛ 14
Оберіть правильну відповідь.
1. В; 2. В; 3. Б.

РОЗДІЛ 15
Що як було?
1. Б; 2. Г; 3. Д; 4. В; 5. А.

РОЗДІЛ 16
Оберіть правильну відповідь.
1. Б; 2. А; 3. В.

РОЗДІЛ 17
З колготками на голові
1. масками; 2. колготками; 3. дірками; 4. носами; 5. ногами; 6. огірками; 7. помідорами; 8. машинами; 9. горами.

РОЗДІЛ 18
Оберіть правильну відповідь.
1. А; 2. Б; 3. А.

РОЗДІЛ 19
Оберіть правильну відповідь.
1. Б; 2. А; 3. А.
Петре!

1. Катю; 2. Іване; 3. дядьку Миколо; 4. Беатріс; 5. Мирославе; 6. бабусю; 7. Миросю; 8. діду.

РОЗДІЛ 20
Якого слова бракує?
1. ноутбук; 2. рюкзаки; 3. «Пласт»; 4. автобусі; 5. Чигирина; 6. Іспанія; 7. вишнею; 8. мікроскоп; 9. ідея.

ЧАСТИНА 3

РОЗДІЛ 1
Знайдіть антоніми
1. И; 2. Е; 3. В; 4. Д; 5. Є; 6. Б; 7. Ж; 8. З; 9. Г; 10. А.

РОЗДІЛ 2
Бабусин значок, дідові окуляри
1. дідові окуляри
2. Мирославові шкарпетки
3. Оленина шкарпетка
4. дядьків кінь
5. Степанів віслюк
6. Оксанина помада
7. Олина спідниця
8. бабусин мотоцикл
9. Максимів мопед
10. дідові онуки
11. Іванові гості
12. Лесина хата
13. Євгенові граблі
14. бізнесменова презентація

РОЗДІЛ 3
Оберіть правильну відповідь.
1. А; 2. В; 3. А.

РОЗДІЛ 4
Тихіше чи голосніше?
1. тихіше (тихше); 2. голосніше; 3. важливіше; 4. довше; 5. менше; 6. глибше; 7. ширше.

РОЗДІЛ 5
Знайдіть синоніми
1. Ж; 2. Г; 3. Є; 4. Д; 5. Е; 6. В; 7. Б; 8. А.

РОЗДІЛ 6
Кахи-кахи, дзінь, хлюп...
1. дзіньк; 2. бульк; 3. Хлюп; 4. трісь; 5. ме, му; 6. кукуріку; 7. бах; 8. кахи-кахи.

РОЗДІЛ 7
Порівняння
1. Г; 2. А; 3. Е; 4. Ж; 5. Є; 6. В; 7. Б; 8 Д.

РОЗДІЛ 8
Коли це сталося?
1. В; 2. Б; 3. А; 4. Д; 5. Г.

РОЗДІЛ 9
Ще один тест
1. Б; 2. В; 3. Г; 4. Д; 5. А.

РОЗДІЛ 10
У кого зелене намисто?
1. жінка на касі музею; 2. Максим Невеселий; 3. пані Люда; 4. Браян; 5. дядько Тарас і дядько Андрій.

РОЗДІЛ 11
Це сталося, бо..
1. Е; 2. Д; 3. А; 4. В; 5. Г; 6. Б.

РОЗДІЛ 12
Ойой, ми пропустили прислівник!
1. помалесеньку; 2. швидко; 3. радісно; 4. хитро; 5. коротко; 6. Добре.

РОЗДІЛ 13
Що тут виробляють?
1. взуття; 2. електричну енергію; 3. консерви; 4. літаки; 5. кетчуп; 6. одяг; 7. хліб та булочки.

РОЗДІЛ 14
Ви готові ночувати на природі?
1. А; 2. Є; 3. Г; 4. Д; 5. В; 6. Е; 7. Б.

РОЗДІЛ 15
Оберіть правильну відповідь.
1. В; 2. В.

РОЗДІЛ 16
Обережно, не бабахни зі стільця...
1. А; 2. Д; 3. Г; 4. Е; 5. В; 6. Б.

РОЗДІЛ 17
Оберіть правильну відповідь.
1. В; 2. Б; 3. Б.

РОЗДІЛ 18
А вам подобається колір буряка?
1. Вишні – вишневий;
2. Сливи – сливовий;
3. Персик – персиковий;
4. Морква – морквяний;
5. Смарагд – смарагдовий;
6. Оливки – оливковий;
7. Лимон – лимонний.

РОЗДІЛ 19
Оберіть правильну відповідь.
1. Б; 2. А; 3. В.

РОЗДІЛ 20
Оберіть правильну відповідь.
1. Б; 2. А; 3. А.

РОЗДІЛ 21
Оберіть правильну відповідь.
1. Б; 2. Б; 3. А.

РОЗДІЛ 22
Види сміху
1. посміялися з; 2. посміялися; 3. сміялася; 4. посміялася з; 5. Сміялися.

РОЗДІЛ 23
Prefix games
1. захропів; 2. хропів; 3. заплескала; 4. плескали; 5. загарчав; 6. гарчав; 7. запостили; 8. постили; 9. заплакав; 10. Плакав.

РОЗДІЛ 24
Оберіть правильну відповідь.
1. В; 2. Б; 3. Б.

РОЗДІЛ 25
Додамо прийменники
1. за; 2. зі; 3. в; 4. на; 5. по; 6. за; 7. Біля.

РОЗДІЛ 26
Де тут інший рід?
1. сорока; 2. предмет; 3. кава; 4. Ведмедик.

РОЗДІЛ 27
А ви були на СТО?
1. Е; 2. Є; 3. Б; 4. Д; 5. Г; 6. В; 7. А.

РОЗДІЛ 28
Челендж з ідіомами
1. луснув терпець; 2. ані душі; 3. не вішай носа; 4. не так сталося, як гадалося; 5. нічого не вдієш; 6. взяли ноги в руки. 7. остання крапля.

РОЗДІЛ 29
Челендж з ідіомами
1. хилити на сон; 2. такі на дорозі не валяються; 3. стояв як засватаний; 4. робиш з мухи слона; 5. пасти задніх.

РОЗДІЛ 30
Туди чи сюди?
1. звідти; 2. сюди; 3. звідси; 4. там; 5. туди; 6. Тут.

РОЗДІЛ 31
Оберіть правильну відповідь
1. Б; 2. В; 3. В.

РОЗДІЛ 32
Сказати про себе?
1. пряме; 2. пряме; 3. переносне; 4. пряме; 5. пряме; 6. переносне; 7. переносне; 8. переносне.

РОЗДІЛ 33
Оберіть правильну відповідь.
1. Б; 2. Б; 3 А.

РОЗДІЛ 34
Оберіть правильну відповідь.
1. А; 2. Б; 3. Б.

РОЗДІЛ 35
Про кого мова?
1. Северин Вовк; 2. Буряченко; 3. коза; 4. сорока; 5. Беатріс.
6. півень; 7. Северин Вовк; 8. дервіш; 9. ведуча; 10. Беатріс. 11. дід Петро; 12. наглядачка Люда; 13. Бабуся.

РОЗДІЛ 36
Оберіть правильну відповідь.
1. B; 2. A; 3. B.

РОЗДІЛ 37
1. Географічний тест
Ви суперзірка!
2. Історичний тест
Ви готові до пригод?

ПРО АВТОРКУ

Наталія Пендюр народилася в Києві. Жила й у великому місті, і в селі — із роботою на городі й усіма сільськими пригодами, про які йдеться у книжці. Наталія навчалася в Інституті журналістики університету Тараса Шевченка, а пізніше вивчала славістику в Університеті імені Томаша Масарика в Чехії. Довго працювала на радіо.

З 2016-го Наталія мешкає в Чехії, але часто приїжджає до України. У Чехії вона спробувала чимало професій, наприклад, мила машини. Тепер Наталія викладає українську мову, перекладає в Міграційному центрі та пише.

Наталка була на Хортиці, купалася в річці Тясмин та водила трактор. Тож багато згаданих у цій книжці моментів — з її досвіду. Вона вміє садити картоплю, доїти козу й розповідати історії. Одна з них зараз у ваших руках.

ABOUT THE AUTHOR

Natalia Pendiur was born in Kyiv. She lived not only in a big city, but also in a Ukrainian village — with work in the garden and all those village adventures, as described in the book. Natalia studied at the Institute of Journalism at Taras Shevchenko University and Slavic Studies at the Masaryk University in Czechia. Then she worked at a radio station for quite a long time.

Since 2016, Natalia has lived in Czechia but she comes to Ukraine often. In Czechia, she tried many different professions. She washed cars, for example. Now Natalia teaches Ukrainian language, is a translator at the Migration Center, and also an author.

Natalia has been to Khortytsia, swam in the Tiasmyn River, and drove a tractor. So many moments that are mentioned in this book are from her experience. She can grow potatoes, milk a goat, and tell stories. One of them is in your hands right now.

ПРО UKRAINIAN LESSONS

UkrainianLessons.com — це освітня платформа, що має одну мету: розробляти якісні навчальні матеріали для всіх, хто вивчає українську як іноземну. Її засновниця Анна Огойко — викладачка української та поліглотка — створила платформу після Революції Гідності в 2014 році. Відтоді на Ukrainian Lessons було створено чимало безкоштовних матеріалів для всіх, хто вивчає українську мову: у формі публікацій на сайті, відео на Youtube, інфографік і двох подкастів: Ukrainian Lessons Podcast і 5 Minute Ukrainian (які вже скоро міститимуть 260 епізодів-уроків). Дізнавайтеся більше про наші матеріали ось тут:

ukrainianlessons.com

Крім того, ми щасливі бути засновниками найактивнішої й найбільш дружньої спільноти з вивчення української мови на Фейсбуці —це група, де кожен може поставити своє питання, потренувати свою українську або поділитися улюбленим матеріалом. Приєднуйтесь до групи безкоштовно за посиланням:

ukrainianlessons.com/fbgroup

ABOUT UKRAINIAN LESSONS

UkrainianLessons.com is an educational platform with one goal — to provide good-quality study materials for everyone learning Ukrainian as a foreign language. It was created by Anna Ohoiko — Ukrainian teacher / language lover — shortly after the Ukrainian revolution of dignity in 2014. Since then, Ukrainian Lessons has provided tons of free materials and support for Ukrainian learners in the form of blog posts, Youtube videos, infographics, and soon to be 260 audio lessons / episodes of Ukrainian Lessons Podcast and 5 Minute Ukrainian. Find out more about what we have to offer at

ukrainianlessons.com

We are also proud to host the most active and friendly Ukrainian learners community on Facebook — a group where everyone can ask questions, practice Ukrainian, and share their favorite Ukrainian learning materials. You can join it for free at

ukrainianlessons.com/fbgroup

Printed and bound by CPI Group (UK) Ltd, Croydon, CR0 4YY
03/09/2024
01031496-0001